Christoph Sonntag

EIN
PERFEKTER
SONNTAG

Christoph Sonntag

EIN PERFEKTER SONNTAG

Ausflugsziele vom Meisterkabarettisten

GUT ESSEN

ANSCHAUEN & ERLEBEN

FAMILIEN-ZIELE

REGIONAL EINKAUFEN

ÜBER NACHT

Silberburg-Verlag

INHALT

SONNTAGS UNTERWEGS:

SONNTAGS EINFÜHRUNG

SONNTAGS EINFÜHRUNG

Sie fragen sich vielleicht, wie ein Kabarettist dazu kommt, seinen Leserinnen und Lesern Ausflugstipps zu geben. Ein Bühnenkünstler aus dem Spaßmetier? Gute Frage. Tatsächlich kann ich nämlich gar keine Zeit dazu haben, Ausflugsziele kennen zu lernen und sie anschließend zu verraten. Zu viele Auftritte für Bühne, Funk und Fernsehen und meine ehrenamtlichen Tätigkeiten im »Kleinkunstpreis Baden-Württemberg« und in meiner »Stiphtung Christoph Sonntag«, die sich um ökologische Projekte in Baden-Württemberg kümmert, sorgen dafür, dass das Jahr schon längst zweimal vorbei sein müsste. Beim vorliegenden Buch muss es sich also definitiv um eine holographische optische Täuschung aus einem Paralleluniversum handeln. Doch warum lässt sich das Buch dann so geschickt umblättern, anfassen und warum kann man dann mit ihm so gut nach einem lästigen Zimmergenossen werfen? Also handelt es sich doch um ein reales Produkt. Aber wie konnte es zu diesem Buch kommen?

Auf meinen Fahrten von Auftritt zu Auftritt reise ich pro Jahr zehntausende von Kilometern durch die Gegend und mache jeden Tag die Bekanntschaft mit Menschen. Einige davon bleiben mir in guter Erinnerung und darunter ist meistens die Veranstalterin oder der Veranstalter. Menschen, die Kabarett organisieren, sind in der Regel etwas Besonderes: Sie haben den speziellen Blick, sie freuen sich, wenn andere sich freuen und nehmen dafür sehr viel Mühe und Arbeit in Kauf.

Oft schaue ich mir die Internetseiten der Städte und Gemeinden an, in denen ich auftrete. Sehr häufig wird dann schon auf der ersten Seite (neben den Erfolgen des örtlichen Handballvereins in der 16. Regionalliga) das pulsierende Kultur- und Kleinkunstleben der Gemeinde gerühmt. Zu Recht, denn es sind genau diese »weichen« Faktoren, die den Wohlfühlcharakter in einer Gemeinde ausmachen und die Menschen anziehen. Wenn ich dann vor Ort Teil des pulsierenden Kleinkunstlebens sein darf, fällt mir oft auf, dass die Stadt oder Gemeinde als eigenen Beitrag gerade mal die verbilligte Nutzung der Stadthalle beisteuert und die gesamte Veranstaltung auf den ehrenamtlichen Schultern von zehn emsigen Vereinsmitgliedern ruht. Menschen, die so etwas auf sich nehmen, sehen die Welt mit anderen Augen. Sie bringen oft anstatt belegter Brötchen von der Tankstelle eigene Küchenkreationen für mich und vor allem für meine hungrigen Techniker mit. Sie sind in der jeweiligen Gegend nicht selten über Generationen hinweg verwurzelt und mit ihr verwachsen und sie können Dinge erzählen, die man sich nicht hätte vorstellen können.

Unvorstellbares aber ist das Futter des Kabarettisten, und so habe ich all dies stets aufgeschrieben, notiert oder mir auch bloß flüchtig gemerkt, immer in der Hoffnung, einmal Zeit zu haben und all das zu genießen: In diesem Restaurant muss ich mal essen, wenn ich Zeit habe, in dem versteckten Weiher baden, die sagenhaft schöne Wanderung machen, diese Höhle muss ich mal besichtigen, in diesem Hotel unbedingt übernachten …

Mittlerweile habe ich selbst zwei Kinder, mit denen ich leider viel zu wenig Zeit verbringen kann. Wenn es aber mal passt, möchte ich ihnen auch etwas bieten. Auch für sie habe ich das alles notiert, und als meine Schatzkiste vor einiger Zeit begann, überzuquellen, kam der Entschluss, das alles in einem Buch zusammenzutragen. Die Hoffnung, dass ich meine Geheimtipps wirklich mal und vor allem in Ruhe genießen kann, habe ich nicht verloren. Wenn dass passiert, gehen entweder meine Geschäfte bis dahin so gut, dass ich mir immer mal wieder ein paar »Austage« leisten kann. Oder eben so schlecht, dass es nur noch Austage gibt. Bis aber eine der beiden Möglichkeiten eintritt, sollen gern Sie, liebe Leserin und lieber Leser, von den Ausflugstipps profitieren. Außerdem denke ich als Gründer einer ökologischen Stiphtung und als diplomierter Landschaftsarchitekt Folgendes: Wenn auf Grund dieses Buches nur tausend Menschen nur einmal in ihrem Leben auf einen Billigflug verzichten und stattdessen im eigenen 200 Kilometer-Umkreis entspannen, dann hat sich dieses Buch schon gelohnt. Und die betreffenden Bäume verzeihen mir ihre dadurch bedingte Weiterverarbeitung zu Buchseiten.

Doch bevor's nun wirklich zu den zahlreichen Ausflugszielen geht, an denen Sie hoffentlich viel Spaß haben werden, noch ein kleiner Ausflug zurück in die Vergangenheit, in die frühen 70er-Jahre.

Waiblingen, im Jahre Neunzehnhundertsiebzig, Gartenstraße vier. Unsere etwa sechzig Quadratmeter große Dachwohnung besteht zu hundert Prozent aus Durchgangszimmern. Die Deckenhöhe ist unter zwei Meter, zwei überdimensionale Elektro-Nachtspeicheröfen versuchen im Winter, tapfer – aber tendenziell vergeblich – den ganzen Wohnschlauch zu beheizen. Das Badezimmer besteht aus einem Klo und einem Waschbecken mit Kaltwasseranschluss. Warmes Wasser schöpft man sich mit der Kelle aus dem großen Wassertopf auf dem Herd, der immer warm gehalten wird. Besser: immer mal wieder, denn meistens ist das Wasser im Topf kalt, wenn man es braucht. Eine Dusche gibt's in dieser Wohnung nicht. Die einzige Badewanne des Hauses befindet sich im Stock unter uns, wo Oma und Opa wohnen. Dort steht auch das einzige Telefon der Straße und die Rufnummer lautet: dreisechs-sechs-drei.

Jeden Samstag geht Opa ganz früh in den Keller und schürt den Ofen mit Restholz aus seiner Schreinerei. Das ist seine Hauptaufgabe an diesem Tag, denn heute badet das Haus den Wasserboiler mehrfach leer: Erst baden Oma und Opa, dann Papa und Mama. Danach kommen die Mieter aus dem Erdgeschoss an die Reihe. Die Kinder werden zwischenrein geschoben: Entweder kriegen sie eine Badewanne zu dritt oder sie dürfen im Wasser baden, das Papa oder Mama schon benutzt haben und das noch pfenniggut ist. Nach dem Baden findet sich alles – auch die Mieter von unten – frisch duftend im Wohnzimmer der Großeltern ein. Dort gibt's Salzstängele und süßen Sprudel und man schaut um achtzehn Uhr im ZDF zusammen »Daktari« in einem rauschenden und zischenden Schwarz-Weiß-Fernseher. Ab und zu verstärkt der Fernseher sein Rauschen und Zischen oder setzt ganz aus. Dann steht Opa auf und haut mit der flachen Hand einmal kräftig oben drauf, dann tut er wieder.

Daktari, die Serie mit dem sympathischen Tierarzt in Afrika, mit Clarence, dem schielenden Löwen, und Judy, dem hochintelligenten Schimpansen, finden alle toll. Außer meinem Vater. Zeitgleich läuft im ersten Programm die Sportschau. Die findet wirklich keiner toll. Außer meinem Vater. Obwohl er eine sehr selbstbewusste Interpretation von Demokratie lebt, spürt er schnell, dass selbst er gegen diese frischgebadete Übermacht in Omas Wohnzimmer keine Chance hat. Also kratzt er eines Tages sein ganzes Geld zusammen und kauft sich ein eigenes Schwarz-Weiß-Fernsehgerät, das er an Omas Dachantenne anschließt. Was dann passiert, kann sich keiner erklären. Ich stelle es mir so vor: Die damalige Technik gestattet es der Antenne nur, ein einziges Signal zu empfangen und an das Fernsehgerät weiterzuleiten. Unternimmt man den unmäßigen Versuch, zeitgleich ein zweites Empfangssignal anzuzapfen, kommt in beiden Fernsehern jeweils nur noch ein halbes an. Kurz: Beide Fernseher funktionieren, aber nur, wenn der jeweils andere ausgeschaltet ist. Sobald also Papa oben den Fernseher anschaltet, um wenigstens der Spur nach mitzubekommen, welcher Fußballclub gerade wie gegen den anderen verliert, beginnt im Stock darunter Daktari schlagartig damit, lästerlich zu flimmern.

Herrliche Zeiten: Es gab nur drei Programme, von denen man aber pro Haus jeweils nur eines sehen konnte! Opa erhebt sich aus seinem Sessel, geht die Treppe hoch und bittet meinen

Vater über ihm, seinen Fernseher zugunsten des vollen Daktarigenusses auszuschalten. Mit dem Effekt, dass alles wie zuvor ist: Papa kommt runter, stellt sich im Wohnzimmer dazu und versucht der begeisterten Menge Daktari madig zu machen, was nicht gelingt, aber den Effekt hat, dass seine Laune immer schlechter wird. Eine Lösung findet das Problem erst, als Papa viele Monate später frisches Geld zusammengekratzt hat und sich eine eigene Dachantenne aufs Dach schraubt.

Heute könnte jeder gegen die Unterbringung in unserem damaligen Dachwohnschlauch erfolgreich klagen. Oder von »Gala« eine Million für die Exklusiv-Fotostory bekommen. Wir wohnten zu fünft darin und waren die meiste Zeit trotzdem sehr vergnügt. Einerseits waren wir damals eine wirklich moderne Familie: Der Vater feuriger Sozialdemokrat – übrigens der einzige in der großen Familie –, dem es immer wieder gelang, mit flammenden Reden auf die Solidarität mit den Geknechteten die unionsfröhlichen Familienfeste zu sprengen. Oder zumindest meinen Onkel, der als gut verdienender Arzt praktizierte, auf die Palme zu treiben. Ich wusste damals zwar nicht, was »von der

Steuer absetzen« bedeutete, war mir aber bewusst, dass es außer meinem Vater alle machten. Und obwohl Papa es nicht machte und deshalb selbst auch nicht wissen konnte, was es ist und wie es geht, hatte ich damals das Gefühl, er würde es selbst außerordentlich gerne tun.

Die Mutter war vom Gedankengut der antiautoritären Erziehung magnetisch angezogen und schlug uns nicht ein einziges Mal. Einmal versuchte sie es, aber es handelte sich dabei um solch einen kläglichen Versuch, dass ich mittendrin lachen musste. Andererseits aber litt sie auch ein bisschen darunter, dass antiautoritär erzogene Kinder nicht so artig sind wie ihre Vettern und Cousinen: Wir fragten nach, auch öffentlich und in Gesellschaft, widersprachen und gehorchten nur dann, wenn die dazu gehörende Aufforderung unseren vorherrschenden Wünschen und unserer momentanen Stimmungslage entsprach. Der Vater versuchte, dies in separatistischen kleinen Einzel-Erzieh-Aktionen wieder gutzumachen. Das musste man dann eben aussitzen und abwarten, bis Papa wieder ins Geschäft musste. Danach handelte man mit Mutter die väterliche Strafe auf einen Kompromiss runter, mit dem sich ausgezeichnet leben ließ.

Nach jedem Samstag aber folgt ein Sonntag, und somit naht Papas Chance, sich für die erlittene Sportschau-Daktari-Schmach zu rächen. Er ist immer noch gekränkt und sauer, weil er vortags wegen Daktari und vor allem: wegen uns nicht erfahren durfte, wer wie gegen wen gewonnen hat. Also sagt er: »Heut gange mor fort!« Und obwohl wir eine moderne Familie sind, ist sie doch – wie fast alle anderen auch – der damaligen Vormacht der Väter unterworfen. Das heißt: Papa sagt so was, Mama sorgt dafür, dass es funktioniert. Für Mama bedeutet das: Frühstück richten, decken, abdecken, spülen, aufräumen. Drei Kinder in ihrer jeweiligen Stimmungslage einfangen: Das eine hat Bauchweh, das zweite muss noch eine schlechte Note beichten und eine Strafarbeit machen, das dritte weigert sich standhaft, die von Mama gestern extra für es genähte, neue Hose anzuziehen. Während das dritte gegen die Zusage einer Belohnung fast schon liebevoll überredet ist, die Hose versuchsweise für den heutigen Sonntagsausflug anzuziehen, beweist das erste, dass seine Bauchschmerzen echt sind und übergibt sich im Kinderzimmer. Während Mama alles aufputzt, ruft Papa vom Frühstückstisch her, ob es denn heute keinen Kaffee gäbe, was eigentlich los sei und ob man denn hier alles selbst machen müsste. Mama lässt den Lumpen fahren und springt in die Küche, um Kaffee aufzusetzen. Mittlerweile hat das dritte Kind die neue Hose naserümpfend angezogen und erhält vom ersten (dem es nach dem Übergeben wieder wunderbar geht) die augenscheinlichen Unterschiede seiner neuen Hose zur aktuellen Mode dargestellt. Das Ganze versehentlich nicht in sachlichem, sondern in höhnischem Ton. Es bahnt sich als natürliche Konsequenz daraus eine kleine Rangelei an, an deren Ende die neue Hose mitsamt dem Kind darin im Erbrochenen landet. Mama hat Papa gerade frischen Kaffee eingeschenkt. Papa trinkt ihn aus und überbrückt die langweilige Wartezeit, bis wir endlich aufbrechen können, damit, mit dem Auto zum Waiblinger Bahnhof zu fahren, um die einzige Sonntagszeitung zu kaufen, die es in den Siebzigern gibt: die »BamS«. Er schämte sich zwar stets, so ein Blatt zu lesen, und ich war noch nicht in der Schule, als ich schon wusste, dass er diese Zeitung zwar so abgrundtief verachtete wie ich Spinat, sich aber im Gegensatz zu mir dem Konsum des verhassten Objekts nicht entziehen konnte. Ich war stärker als der Spinat, aber die Zeitung hatte meinen Papa komplett im Griff. In den Zeiten, in denen er wegen der Ein-Antennen-Problematik die Sportschau nicht sehen konnte, wälzte er die moralische Schuld kurzerhand auf uns Kinder ab. Wir mit unserem Daktari-Fimmel waren schuld daran, dass er sich die Zeitung kaufen musste, um im Sportteil nachlesen zu können, was wir ihm tags zuvor vorenthalten hatten. Später waren die anderen Sonntagszeitungen schuld, eben deshalb, weil es sie damals noch nicht gab.

Irgendwann aber ist auch diese Zeitung ausgelesen, Mama komplett am Ende, alle Kinder sind irgendwie angezogen und damit in der Summe auch einigermaßen zufrieden. Papa springt auf und sagt: »Jetzt gange mor aber!« Wenn's dann im Auto Krach gab – und den gab es eigentlich immer –, spielte sich folgende Szene ab: Papa biegt links in die Bahnhofstraße ein, ein Kinder schreit auf, Papa erschrickt und sagt genervt: »Des war s'letzte Mal! Mit euch gange nemme fort!« Dann fuhr man ein paar Kilometer weit weg, lief ein paar Schritte durch den Wald, an der Rems entlang oder den Weinberg hinauf und kehrte dann ein, wobei Papa mit »Ich nehm die Würstle!« sehr schnell die obere Preishürde der möglichen Bestellung definierte.

Nun, liebe Leserin und lieber Leser, wissen Sie, dass ich eine wirkliche Geschichte mit dem Sonntagsausflug habe. Umso mehr freue ich mich, dass Sie in diesem Buch für eben diesen ein paar Anregungen erhalten. Ich denke immer noch mit einem Grinsen und einem wohlig-warmen Gefühl an früher zurück; irgendwie war's trotz allem doch einfach toll, mit den Eltern sonntags etwas zu unternehmen, und ich kann Sie nur ermuntern, dies mit Ihren Kindern auch zu tun. Wobei ich weiß, dass heute alles anders ist: Wahrscheinlich haben heute die Väter den elternurlaubsbedingten Kinder-Fertigmachstress, während die Business-Mama das erste Mal in der Woche mit der Sonntagszeitung in der Hand beim Frühstückstisch entspannt.

So oder so, die Freude am Ausflug beginnt, wenn man das Haus verlassen hat, also raus aus der Behausung und rein in dieses Buch! Ich wünsche Ihnen viel Spaß, viel Neues und viel Freude beim Entdecken!

Herzlichst
Ihr Christoph Sonntag

Renommierte Institute fertigen regelmäßig Statistiken über europäische Städte an, vergleichen Lebensqualität und Wirtschaftskraft, ermitteln die Zufriedenheit der Stadtbewohner und fassen Ergebnisse in aufwändig verformelten Tabellen zusammen. Die Stuttgarter nehmen derweil ihren Spitzenplatz, auf dem sie sich dabei regelmäßig wiederfinden, gelassen und freuen sich am kulturellen Angebot ihrer Metropole, an den idyllischen Parkanlagen und Wäldern und am Hauch der Leichtigkeit, die hier überall zu finden ist. Das Einzige, was Stuttgart fehlt, ist ein sauberer See. Aber daran arbeiten wir ja bereits ...

STUTTGART & UMGEBUNG

Sonntags unterwegs   1

GUT ESSEN

ANSCHAUEN & ERLEBEN

FAMILIEN-ZIELE

REGIONAL EINKAUFEN

Die gute Stube

»Knausbira Stüble«

Begehrt sind die Plätze im »Knaus-bira Stüble«: des guten Essens, der feinen Weine und der herzlichen Gastfreundschaft wegen. In ausgezeichneter Qualität werden Klassiker der schwäbischen Regionalküche serviert, wie Flädlesuppe, Maultaschen und Rostbraten. Bereits bei der Auswahl des Hauptgangs sollte man Platz für ein kleines Dessert einplanen, denn die hausgemachten Apfelküchle schmecken ausgezeichnet! Im Sommer sitzt man hinter dem Haus in einem idyllisch terrassierten Garten. Wer mich dort trifft, weiß drei Dinge: 1.) Der Sonntag hat Zeit. 2.) Es geht ihm gut. 3.) Er kauft nach dem Essen für die Tiefkühltruhe daheim so viele Maultaschen und Fleischküchle, wie der Restaurant-Chef rausrückt.

Heumadener Straße 15, 70329 Stuttgart, Telefon (07 11) 42 88 05, täglich 11–14 Uhr und 17–24 Uhr, So und Mo Ruhetag

 Stadtbahn bis »Hedelfingen«

Ausgezeichnete Regionalküche in historischen Mauern

»Zum Ackerbürger«

Das Haus in der Spreuergasse 38 verdankt seine Existenz der Erfindung des Schießpulvers im 15. Jahrhundert. Danach erwiesen sich Stadtmauern mehr oder weniger als nutzlos, sodass fortan der Hausbau direkt an der Stadtmauer erlaubt war. In genau einem solchen, um 1550 erbauten Haus befindet sich das Restaurant »Zum Ackerbürger«. Im historischen Fachwerkhaus mit einzigartigem Ambiente werden Gäste mit gehobener Regionalküche verwöhnt. Die Filetspitzen in Madagaskarsauce sind ein Traum! Reservierung empfehlenswert.

Spreuergasse 38, 70372 Stuttgart, Telefon (07 11) 56 08 93,
So–Fr 17–24 Uhr, Sa 18–1 Uhr | www.ackerbuerger.de

 S-Bahn bis »Bad Cannstatt«

ANSCHAUEN & ERLEBEN

Mal wieder blaumachen

Mineralbad Berg

Fünf Mineralquellen mit der täglichen Schüttung von rund 5 Millionen (!) Litern reinstem Mineralwasser speisen die Schwimmbecken im Mineralbad Berg. Diese riesige Menge an Mineralwasser sorgt für einen mehrfachen Wasseraustausch in den Becken, sodass eine aufwändige Wasseraufbereitung oder gar Chlorierung überflüssig ist. Ein Bademeister hat mir erzählt, das sei einmalig in Deutschland, womit er in jeder Hinsicht Recht hat! Besucher erwartet eine historische Anlage mit nostalgischem Charme – von Modernität, Massagedüsen oder gar Wellenbad (hoffentlich noch lange) keine Spur. Innen- und Außenbereich. Herrliche Liegewiese, von der ein Teil im Volksmund und aus gutem Grund die »Bubenwiese« genannt wird. Getrennte Damen- und Herrensauna. Ich muss ein Bekenntnis abgeben: Ich liebe das Leuze, das Cannstatter Mineralbad, aber eben vor allem: das Berg. Hier stimmt alles, selbst das schwäbische Essen am Kiosk, nirgendwo ist es schöner und das schönste: Kaum einer von außen weiß es, und wir finden das – zugegeben – gar nicht so schlimm!

Am Schwanenplatz 9, 70190 Stuttgart, Telefon (07 11) 9 23 65 16,
Mo–Fr 6–20 Uhr, Sa 6–19 Uhr, So 6–13 Uhr

 Stadtbahn bis »Mineralbäder«

Karibik-Feeling mitten in der Großstadt

Max-Eyth-See

Direkt am Max-Eyth-See sorgen Liegestühle, fruchtige Cocktails und ein herrlicher Panoramablick für Urlaubsstimmung mitten in der Großstadt. Im Wasser austoben kann man sich nicht, die derzeitige Wasserqualität lässt dies nicht zu. Das Wasser wird aber von Tag zu Tag sauberer, denn die Partner der Initiative DER MAX-EYTH-SEE STUTTGART SOLL SAUBER WERDEN haben dem See eine Frischwasserzufuhr und eine Wasserfontäne spendiert. Na denn … Vamos a la playa!

Der Sandstrand liegt auf einer Halbinsel im Max-Eyth-See in Stuttgart-Hofen | Verleih von Ruder- und Tretbooten von Mitte März bis Ende September (www.miet-ein-boot.de), Biergarten direkt am Sandstrand (März bis Oktober täglich ab 10 Uhr) | Gastronomie auch auf der gegenüberliegenden Seeseite (»Treffpunkt am See«, »Haus am See«) | Segelkurse (www.umwelt-engagement.de)

 Stadtbahn bis »Max-Eyth-See«

Heiß, eng, laut

Kleiner Schloßplatz, Theodor-Heuss-Straße und Hans-im-Glück-Brunnen

Ausgehen in Stuttgart? Na klar, die Stadt bietet für jeden etwas, zwischen Kleinem Schloßplatz und Theodor-Heuss-Straße konzentrieren sich gleich mehrere extravagante Adressen. Die »Waranga Bar« lockt an den Kleinen Schloßplatz, speziell an warmen Abenden wird der Platz vor der Bar und die Freitreppe am Kunstmuseum zum beliebten Treffpunkt. An der Theodor-Heuss-Straße wirkt das »Floating Market«

wie ein Magnet auf die Liebhaber der thailändischen Küche, und auf der Straßenseite gegenüber zählt »Muttermilch« – kurz MuMi – zu den interessantesten Adressen der Stadt: tagsüber Bar, abends Club. Wie in jeder Großstadt wechselt die Szene hier ständig ihre Lieblingsclubs; einfach ankommen, fallen lassen, die Menschen fragen, sich mit dem Strom auch mal in die Clubs um den Hans-im-Glück-Brunnen tragen lassen!

»Waranga Bar«: Kleiner Schloßplatz 15, 70173 Stuttgart; Bar: Mo–Mi 11–1 Uhr, Do–Sa 11–3 Uhr, So 13–1 Uhr; Clublounge: Do–Fr 20–2 Uhr, Sa 11–2 Uhr, So 13–20 Uhr | »Floating Market«: Theodor-Heuss-Straße 14, 70174 Stuttgart, Telefon (07 11) 2 22 02 28, täglich (außer 24. 12.) 18–23 Uhr | »Muttermilch«: Theodor-Heuss-Straße 23, 70174 Stuttgart, Telefon (07 11) 4 11 45 88, Mo–Mi 11–1 Uhr, Do 11–3 Uhr, Fr/Sa 11–5 Uhr, So 18–1 Uhr

 Stadtbahn bis »Schloßplatz« oder S-Bahn bis »Stadtmitte«

Ich packe meinen Picknick-Korb ...

Picknick am Schloss Solitude

Erstes Date oder lange Beziehung – ein Picknick punktet immer. Speziell vor der eindrucksvollen Kulisse von Schloss Solitude. Ein mit feinen Spezialitäten gefüllter Picknick-Korb wird von der »Schloss Solitude Gastronomie« vorbereitet und kann direkt vor  Ort abgeholt werden. Eine Picknick-Decke wird leihweise zur Verfügung gestellt. Spontane Menschen, die neben ihrem Partner nur das schöne Wetter mitbringen wollen, werden begeistert sein!

»Schloss Solitude Gastronomie«, Kavaliersbau Haus 2, 70197 Stuttgart, Telefon (07 11) 46 90 77-0, Di–Sa 12–24 Uhr (große Karte 12–14 und 18–22 Uhr, kleine Karte 14–18 Uhr), So 12–18 Uhr (große Karte 12–14 Uhr, kleine Karte 14–18 Uhr) | www.schloss-solitude-gastronomie.de

 Bus bis »Schloss Solitude«

Stein-Reich

Urweltsteinbruch Fischer

Vor 190 Millionen Jahren waren Fischsaurier, Krokodile und Ammoniten in einem tropischen Meer am Fuße der Schwäbischen Alb zu Hause. Was damals im Jura-Meer geschwommen ist, ruht heute in versteinerter Form im Schiefer. Ausgestattet mit Hammer und Meißel können diese Zeugnisse der Vergangenheit geborgen werden. Zum Beispiel im Urweltsteinbruch Fischer in Holzmaden. Vor Ort können Hammer und Meißel ausgeliehen werden; in einem kleinen Museum werden spektakuläre Funde ausgestellt.

Aichelberger Straße 75, 73271 Holzmaden, Telefon (0 70 23) 29 91, Di–So 9–17 Uhr | www.urweltsteinbruch.de

Idyll mitten in der Großstadt

Wartberg-Park Stuttgart

Der Wartberg-Park zählt zu den schönsten Parkanlagen in Stuttgart. Speziell die vielen Wasserfontänen und ein kleiner Wasserspielplatz werden bei schönem Wetter zum Anziehungspunkt für Familien. An einem kleinen Kanal können Kinder Wasserpumpen und Staustufen bedienen, Wasser schöpfen oder einfach nur planschen. Der Wartberg-Park ist ein richtiges Wasserschlacht-Paradies!

Heilbronner Straße | Der Wartbergpark liegt im Stadtbezirk Stuttgart-Nord schräg gegenüber des Bülow-Turms | www.stuttgart.de

 Stadtbahn bis »Löwentorbrücke«

Das Gute liegt so nah

Biofrucht Ortlieb

Im hektischen Alltag sollte man regelmäßig frische Vitamine zu sich nehmen. Am besten in Form von Obst direkt vom Erzeuger. Familie Ortlieb baut Erdbeeren, Himbeeren, Johannisbeeren, Heidelbeeren, Sauerkirschen, Äpfel und Birnen an und vertreibt diese Produkte im eigenen Naturkost-Laden in Stuttgart-Uhlbach. Außerdem gibt es eine kleine, aber feine Käsetheke.

Uhlbacher Straße 201, 70329 Stuttgart, Telefon (07 11) 32 89 69, Di und Fr 9–12.30 Uhr und 14–18.30 Uhr, Sa 9–12.30 Uhr | www.biokiste-ortlieb.de

 Bus bis »Uhlbach«

Manufaktur edler Pralinen

Krüger Chocolats

Meisterchocolatier Olaf Krüger hat sein Handwerk in den renommiertesten Häusern Europas erworben. Mittlerweile stellt er im eigenen Betrieb unterschiedlichste Pralinés nach eigenen Rezepten her; feinste französische Schokolade, echte Vanilleschoten, exotische Gewürze, Kaffeebohnen und Grüntee zählen zu den wichtigsten Zutaten seiner Kreationen. Verführung pur! Ich habe mal einem Freund, dem ich was schuldig war, bei Olaf Krüger in Neuhausen eine eigene Praline entwickeln lassen, die seinen Namen trägt. Das war die Mutter aller Geschenke!

Hauffstraße 41, 73765 Neuhausen auf den Fildern, Telefon (0 71 58) 98 63 70, Mo–Fr 15–18 Uhr | www.krueger-chocolats.de

Überraschend abwechslungsreich präsentiert sich das Rems- und das Filstal: Wälder, Weinberge und Streuobstwiesen, verwinkelte Dörfer und herausgeputzte Fachwerkhäuser; dazu eine herzliche Gastfreundschaft, die allerorts in gemütlichen Gaststuben und in den saisonal geöffneten »Besen« erlebt werden kann. »Regen lässt das Gras wachsen, Wein das Gespräch«, lautet ein Sprichwort, und aus eigener Erfahrung kann ich bestätigen: Im Remstal hat man sich (und den Gästen) viel zu erzählen. Übrigens, falls sich das noch nicht herumgesprochen haben sollte, ich bin im Remstal geboren und großgeworden und, gell, Waiblingen: Dorhoim isch halt dorhoim!

REMSTAL
&FILSTAL

Sonntags unterwegs 2

GUT ESSEN

ANSCHAUEN & ERLEBEN

FAMILIEN-ZIELE

REGIONAL EINKAUFEN

Was Leib und Seele zusammenhält

Weinstube »Muz«

Gesellig ist die Stimmung in den drei Gasträumen der Weinstube »Muz«. Das gemütliche Ambiente, die leckeren Gerichte und die große Weinauswahl sind beliebt und weit über das Remstal hinaus bekannt. Gaisburger Marsch, Käsespätzle, Sauerbraten, Kutteln in Trollinger-Sauce, Wildgerichte und eine umfangreiche Weinkarte. »Wo die Geselligkeit Unterhaltung findet, ist sie zu Hause.« Johann Wolfgang von Goethe hätte sein Freude an der Weinstube »Muz« gehabt. Ich habe mal mit meinem antroposophisch- homöopathischen Hausarzt in der Weinstube »Muz« einen herrlichen Abend verlebt. Wir haben getrunken, gegessen und geraucht, bis der Arzt hätte kommen sollen, wenn er nicht schon da gewesen wäre. Ich weiß bis heute nicht, wie ich danach heimkam. Mein Arzt erzählte mir später, dass er an diesem Abend auf dem Flurboden seiner Praxis geschlafen habe, weil bereits drei Stunden später der erste Patient gekommen sei. Dies nur als Beleg dafür, wie spontan gemütlich ein Abend in diesem Lokal werden kann!

Traubenstraße 3, 71384 Weinstadt-Endersbach, Telefon (0 71 51) 6 13 21, Mo–Fr 11.30–24 Uhr, Sa 17–24 Uhr | www.weinstube-muz.de

 S-Bahn bis »Endersbach«

Pssst ... diese Adresse sollte man eigentlich für sich behalten

Besen im Weingut Dobler

Die Weinberge rund um Strümpfelbach, Schnait und Beutelsbach laden zu ausgiebigen Spaziergängen ein. Eine schöne Wanderung führt beispielsweise von Beutelsbach über den Gelben Weg zum Wanderparkplatz Pfaffenholz (Panoramablick!). Zurück in Beutelsbach kann man die theoretischen Einblicke, die man in den Weinbergen gewonnen hat, um praktische Eindrücke ergänzen. Zum Beispiel im Weingut Dobler. Angeboten werden Weine aus eigenem Anbau und hausgemachte Speisen, serviert in der Besenwirtschaft im Gewölbekeller. Davor oder danach kann in Stümpfelbach noch das privateste Museum der Welt besucht werden: In einem alten Fachwerkhaus im Ortskern von Strümpfelbach zeigt die Sammlung Nuss in wechselnden Präsentationen Gemälde vorwiegend schwäbischer Künstler (wie Pleuer, Landenberger, Reiniger, Stammbach, Nägele, Ackermann, Henninger, Schöber u. a.), die von Fritz und Karl Ulrich Nuss gesammelt wurden. Aktuelle Ausstellungen, Lesungen und musikalische Veranstaltungen ergänzen das Angebot.

Weingut Dobler, Eberhardstraße 18/1, 71384 Weinstadt-Beutelsbach, Telefon (0 71 51) 66 04 37, täglich 11–23 Uhr, saisonale Öffnungszeiten | www.weingut-dobler.de

 S-Bahn bis »Beutelsbach«

Museum Sammlung Nuss, Hauptstraße 19, 71384 Weinstadt-Strümpfelbach, jeden Sonntag von 14–17 Uhr und nach Absprache | www.karl-ulrich-nuss.de

 Bus bis »Strümpfelbach Rathaus«

Geschmacksnerven aktivieren

Restaurant »Bachofer«

Puristisch ist das »Bachofer« eingerichtet, gehoben ist die gastronomische Leistung. Die erstklassige und raffinierte Küche macht das Restaurant zum Glücksfall für Waiblingen. Freunde der Gourmetküche fühlen sich hier ebenso wohl wie der Gast, der lediglich auf ein Glas Wein an der Bar vorbeischaut; in angenehm unkomplizierter Atmosphäre werden alle Gäste mit derselben Herzlichkeit empfangen. Das »Bachofer« bietet Themenwochen, Kochkurse, Catering-

Service und Kleinkunst. Samstagmittag bietet das »Bachofer« Sterne-Essen zum Mittagstischpreis. Eine schöne Gelegenheit, auf dem Waiblinger Markt einzukaufen, alte Schulfreunde zu treffen und noch aufs Köstlichste zu speisen, ohne den Wochenend-Etat gleich am ersten Tag zu ruinieren!

Marktplatz 6, 71332 Waiblingen, Telefon (0 71 51) 97 64 30, Di–Sa 12–14 Uhr und 18–24 Uhr | www.bachofer.info

 Bus bis »Marktgasse«

Feierabend-Bier statt Afterwork-Party

»Gasthaus zum Kreuz«

Selten sind sie geworden, die Orte, in denen bodenständige, einfache Gerichte zu fairen Preisen angeboten werden; Gasthäuser, in denen der Kartoffelsalat nach einem mündlich überlieferten Rezept hergestellt wird und einfach unvergleichbar schmeckt. Das »Gasthaus zum Kreuz« ist solch ein Ort; hier werden Linsen mit Spätzle, Ochsenmaulsalat, Schwäbischer Rostbraten und frischer Kräuterkäse mit Brot serviert. Und keines der Gerichte möchte man gegen ein Gourmet-Menü tauschen. Ich bin viel zu selten dort, aber wenn, dann immer begeistert. Hier sitzt Alt und Jung zusammen, hier wird der Generationenübergriff zelebriert. Einmal hat mich eine Oeffinger Familie beim Auftritt am Bodensee besucht und mich danach ins »Oeffinger Kreuz« eingeladen, wo wir uns gegen 2 Uhr nachts aufs Fröhlichste wieder begegnet sind. Übrigens: Meine Oma Hermine dürfte bis heute nicht wissen, dass ich im katholischen Oeffingen verkehre! Sie hat als überzeugte evangelische Pietistin ihr ganzes Leben so ausgerichtet, dass sie diese Ortschaft nie betreten musste. Obwohl sie ein Stückle in Hegnach besaß, das direkt nebenan lag, plante sie ihre Spaziergänge immer so, dass ihr Fuß dabei Oeffinger Gemarkung nicht berühren musste. Ich denke, dass sie auch jetzt im Himmel auf einer streng evangelischen Wolke sitzt!

Hauptstraße 40, 70736 Fellbach-Oeffingen,
Telefon (07 11) 9 93 26 25, Mo und Mi–Sa 17.30 Uhr bis der letzte
Gast geht, So ab 11.30 Uhr bis der letzte Gast geht, Di Ruhetag

 Bus bis »Alemannenstraße«

Fellbach voller Festlaune

Fellbacher Herbst

Es gibt viele schöne Plätze in Fellbach, die mir als gebürtigem Waiblinger lange verborgen blieben. Obwohl die zwei Städte dicht beieinander liegen, hat man oft den Eindruck, nichts ist weiter weg als Fellbach von Waiblingen und umgekehrt. Viele Waiblinger fahren eher dreißig Minuten nach Backnang aufs Straßenfest als fünf nach Fellbach. Dabei ist der »Fellbacher Herbst« meinem Eindruck nach das toskanischste Fest auf deutschem Boden: Die Menschen stehen mit leeren Gläsern und vollen Weinflaschen ums Entenbrünnele; jeder schenkt jedem völlig unschwäbisch großzügig die Gläser voll, und gegen Schluss merkt man, dass der Weinsuff friedlicher und intelligenter als der Bierrausch ist. Leute, das müsst Ihr im Oktober erlebt haben! Nehmt Freunde aus dem Ausland mit, und Ihr vermittelt Ihnen ein Bild von Deutschland, das komplett gegen das Klischee bürstet. Und tags darauf in die Weinstube »Mack«, die unter neuer Führung völlig begeistert. Fellbach!

Der Fellbacher Herbst ist jedes Jahr am zweiten Oktober-
wochenende | www.fellbach.de | Weinstube »Mack«,
Hintere Straße 47, 70734 Fellbach, Telefon (07 11) 58 17 51,
Mo–Sa ab 17 Uhr | www.weinstubemack.de

 S-Bahn bis »Fellbach«

Kunststück

Galerie Stihl Waiblingen

Vom Comic bis zur Bildergeschichte, von der klassischen Zeichnung bis zur Skizze: Arbeiten auf Papier bilden den Schwerpunkt der Galerie Stihl in Waiblingen. Drei Wechselausstellungen pro Jahr machen die Galerie zu einem Ort, der immer wieder einen Besuch lohnt. Begleitend zu den Ausstellungen bietet die Kunstschule Unteres Remstal, die in direkter Nachbarschaft in einem zweiten Rundgebäude untergebracht ist, ein umfangreiches Kunstvermittlungsprogramm für Kinder, Jugendliche und Erwachsene an.

Weingärtner Vorstadt 20, 71332 Waiblingen, Telefon (0 71 51) 1 80 37, Di–So 11–19 Uhr, Do 11–20 Uhr | www.galerie-stihl-waiblingen.de

 Bus bis »Galerie«

FAMILIEN-ZIELE

Sich rundum verwöhnen lassen

Familienfrühstück im »Café Stolz«

Unter der Woche kommt ein ausgiebiges Frühstück oftmals zu kurz, also lässt man es sich am Wochenende gut gehen. Zum Beispiel im »Café Stolz« in Fellbach. Leckere Brötchen, Toast, Croissants und frisch gepresster Orangensaft werden ebenso angeboten wie herzhafter Rauchlachs mit Kartoffelecken (Frühstück »Helsinki«). Geradezu berühmt ist das »Café Stolz« für seine feinen Backwaren – die

Kuchen und Törtchen sind optische Meisterwerke und von höchster geschmacklicher Qualität. Frühstück bei Tiffany? Vergesst es, Fellbach liegt viel näher.

Königstraße 18, 70736 Fellbach, Telefon (07 11) 58 21 67, Di–Sa 9–18 Uhr, So 10–18 Uhr | www.cafe-stolz.de

 S-Bahn bis »Fellbach«

Tüftler im Tannenwald

Wasserspiele Schelmenklinge

In einem Seitental bei Lorch wird ein Waldspaziergang zur unterhaltsamen Entdeckungsreise. Ein Wasserrad treibt ein Miniatur-Ölbohrgerät an, ein Fischer dreht sich unentwegt am Kreis und zieht regelmäßig einen Fang aus einem kleinen Fischbecken, ein anderes Wasserrad wiederum bringt eine kleine Glocke zum Läuten: Wasserspiele machen für Kinder den (manchmal ungeliebten) Sonntags-

spaziergang zum Abenteuer! Dank der Mitglieder der Ortsgruppe Lorch des Schwäbischen Albvereins, die sich um Erhalt und Ausbau der Wasserspiele kümmern, kann man sich während der Sommermonate an den Wasserspielen erfreuen.

In der Ortsmitte Lorch auf das Schild »Götzental« achten, am Ende des Wohngebietes Götzental befindet sich ein Waldparkplatz, vom Parkplatz aus führt ein knapp zwei Kilometer langer Weg zur »Schelmenklinge« | Die Wasserspiele sind von Mitte Mai bis Oktober aufgebaut | www.schelmenklinge.de

---

Eisgekühlter Hochgenuss

Gelateria »Dario«

Die beliebteste Eissorte der Deutschen ist »Vanille«, gefolgt von den Geschmacksrichtungen »Schokolade« und »Erdbeere«. Weit mehr als diese »Top 3« wird in der Gelateria »Dario« in Plüderhausen angeboten: Eissorten wie »Blaubeer-Lavendel«, »Zitronen-Basilikum« und »Schwarzwälder Kirsch« machen die kleine Eisdiele zur Pilgerstätte für Eisliebhaber. Unerreicht lecker ist das Joghurt-Eis; die Verwendung von Sahne macht die Konsistenz von vielen Sorten sehr cremig, doch die genauen Rezepturen bleiben das Geheimnis von Gerlinde Secondino. Wer in der Gelateria »Dario« ein Eis probiert hat, weiß, warum gute Eismacher mittlerweile auf einer Stufe mit Spitzenköchen stehen. Im Sommer bietet sich nach dem Eis ein Besuch der Plüderhauser Badeseen an. Oder umgekehrt.

Hauptstraße 37, 73655 Plüderhausen, Telefon (0 71 81) 99 09 85, täglich 11–20 Uhr (bei schönem Wetter), Winterpause Oktober–Februar

 Zug bis »Plüderhausen«

REGIONAL EINKAUFEN

Schöner wohnen

Mack – Das Haus der guten Dinge

Wohnen, Einrichten, Dekorieren. Wer seine Wohnung neu gestalten oder den Garten verschönern möchte, findet bei Mack in Fellbach viele kreative Ideen und Accessoires: Bücher, Bettwäsche, Küchenzubehör, Gartenmöbel, Zitruspflanzen und Terrakotta. In einer Fachabteilung werden selbstentwickelte Produkte für biologische Pflanzenpflege angeboten. Und wer Möbel abseits der Massenhersteller sucht, wird ebenfalls fündig. Das Sortiment umfasst Artikel von über 700 Herstellern, präsentiert in einem Fachwerkhaus und in einer schönen Jugendstilorangerie.

Bahnhofstraße 168, 70736 Fellbach,
Telefon (07 11) 95 79 49-0, Mo–Mi und Fr 9–18.30 Uhr,
Do 9–19 Uhr, Sa 9–16 Uhr | www.mack-fellbach.de

 S-Bahn bis »Fellbach«

Frischer geht's nicht

Obere Roggenmühle

Die Obere Roggenmühle in Geislingen-Eybach ist ein historisches Ensemble mit Gebäuden aus dem 14. Jahrhundert, altem Mühlrad und Fischteichen. Spezialität des Hauses: Forelle, Forelle, Forelle. Gastronom und Forellenzüchter Martin Seitz führt die Anlage mit Leib und Seele, verarbeitet die Forellen zu feinen Spezialitäten und bietet diese vor Ort zum Kauf an. Oder Sie verzehren eine Forelle gleich an Ort und Stelle in der Gaststube der Roggenmühle. Hofverkauf, Gaststube, Biergarten, Spielplatz für Kinder, Ausritte in das Roggental, Kulturveranstaltungen, Ausgangspunkt für Spaziergänge. Die Roggenmühle bietet im Sommer Open-air-Kultur, wo auch ich immer wieder auftrete. Ich mache nach der Roggenmühle immer noch einen Besuch bei der Straubmühle, die direkt an der Geislinger Steige liegt. Dort war mein Onkel Alfred Müller, dort kaufe ich heute im Mühlenladen ein und denke dabei daran, wie ich hier als Kind die Sommerferien verbracht habe. Lustige Geschichten sind hier passiert, nachzulesen in meinem Buch »Wenn der Mostmann zweimal tingelt!« Wollt's ja nur gesagt haben!

Obere Roggenmühle, 73312 Geislingen an der Steige-Eybach,
Telefon (0 73 31) 6 19 45, täglich außer Mo 9–24 Uhr,
1. 10.–1. 4. Di Ruhetag | www.obereroggenmuehle.de

Wo eine schwarzgefleckte Sau und ein Schraubenhersteller zum Aushängeschild einer ganzen Region werden, habe ich mich genauer umgesehen. Entdeckt habe ich eine leckere Regionalküche, die von Jahreszeiten, heimischen Produkten und wohlschmeckenden Kräutern aus dem eigenen Garten geprägt ist. In Schwäbisch Hall lädt eine der schönsten historischen Altstädte Süddeutschlands zum Verweilen ein, und ein spontanes Bad in den Flüssen Kocher oder Jagst wird zum i-Tüpfelchen eines Ausflugs in die Region Hohenlohe! In Künzelsau wohnt meine Cousine Regine. Sie ist Ärztin und genießt ein derart hohes Ansehen in der Region, dass sie es sich jährlich leisten kann, mit 17 bis 63 Freunden zu meiner Aufführung zu kommen. An der lokalen Fachhochschule bin ich Dozent und habe im Studiengang »Kulturmanagement« Vorlesungen gehalten zum Thema: »Erstellen einer Produktion«. Hat Spaß gemacht, sollte ich mal wieder machen.

HOHENLOHE

Sonntags unterwegs

3

GUT ESSEN

ANSCHAUEN & ERLEBEN

FAMILIEN-ZIELE

REGIONAL EINKAUFEN

Zu Gast beim Kräuterflüsterer

Restaurant »Rose«

Bio-Spitzenkoch Jürgen Andruschkewitsch verarbeitet Bioprodukte aus eigenem Anbau sowie eigenhändig gesammelte Wildkräuter und Wildfrüchte zu herrlich duftenden Gerichten. Ein eigener Garten mit über 60 Kräutern liefert die Zutaten für das hausgemachte Akazienblüten- und Zitronenbasilikum-Eis und weitere kräuterbetonte Speisenkreationen. Die »Rose« in Vellberg-Eschenau wird unter den zehn besten vegetarischen Restaurants in ganz Deutschland geführt. Wöchentlich wechselnde Speisekarte. Schnörkellose Gaststube.

Ortsstraße 13, 74541 Vellberg-Eschenau, Telefon (0 79 07) 22 94; Di–So 17.30–21.30 Uhr, Fr–So zusätzlich 11.45–13.45 Uhr; falls ein Feiertag auf einen Montag fällt, ist Dienstag Ruhetag; Oktober–April Mittwoch- und Donnerstagmittag geschlossen | www.eschenau-rose.de

Raffiniert und bodenständig zugleich

»Kochstube Bitzer«

Küchenmeister Joachim Bitzer aus Dörzbach hat sich der authentischen Regionalküche verschrieben, nahezu alle Zutaten, die bei ihm auf den Tisch kommen, werden aus der unmittelbaren Umgebung rund um Dörzbach bezogen. Dies garantiert Frische, die man sieht und schmeckt. Das Hohenloher Junghuhn auf Risotto überzeugt ebenso wie das feinwürzige Schnitzel vom Hohenloher Reh mit Cassis-Sauce. Besonders angenehm sitzt es sich im Garten der »Kochstube Bitzer«. Lobenswert ist auch das ausgezeichnete Preis-Leistungs-Verhältnis.

Goldbachstraße 2, 74677 Dörzbach, Telefon (07937) 5843; Mo, Di, Do–Sa 11–14 Uhr und 17.30–22 Uhr, Mi 11–14 Uhr, So ab 11 Uhr | www.kochstube-bitzer.de

Logenplatz

»Sudhaus«

Das »Sudhaus« bietet von seiner Dachterrasse einen einzigartigen Panoramablick über Schwäbisch Hall und das Kochertal. Kein Zweifel – die Terrasse hoch über der Stadt besticht mit einer der schönsten Perspektiven in ganz Hohenlohe. Ganz nebenbei wird im »Sudhaus« auch noch ausgezeichnet gekocht und in der hauseigenen Brauerei ein feines Bier gebraut. Zwanglose Brasserie; feines Restaurant; im Sommer werden köstliche Grillspezialitäten auf der Dachterrasse angeboten. Unbedingt hingehen und den Sommer genießen!

Lange Straße 35/1, 74523 Schwäbisch Hall, Telefon (0791) 946727-0, Dachterrasse und Biergarten bei schönem Wetter täglich 10–23 Uhr, Brasserie täglich 9–24 Uhr, Restaurant Do–Mo 12–14 Uhr und 18–22 Uhr, Sommerpause im August | www.sudhaus-sha.de

🅷 *Zug bis Bahnhof »Schwäbisch Hall«*

Moderne und zeitgenössische Kunst

Kunsthalle Würth

Die Kunsthalle Würth ist ein Museum für moderne und zeitgenössische Kunst, präsentiert werden Malerei, Grafik und Bildhauerei aus der

von Reinhold Würth aufgebauten und mittlerweile rund 11 000 Werke umfassenden Sammlung. Zwei bis dreimal jährlich finden Sonderausstellungen statt, die sich der Kunst des 20. und 21. Jahrhunderts widmen. Der Eintritt ist frei; bei Sonderausstellungen gelten besondere Regelungen. Kunstshop und Cafeteria. Im Alma-Würth-Saal gibt's regelmäßig gutes Kabarett zu sehen!

Lange Straße 35, 74523 Schwäbisch Hall, Telefon (07 91) 94 67 20, täglich 10–18 Uhr, an Tagen mit Abendveranstaltungen auf der »Großen Treppe« ist das Museum bis 20 Uhr geöffnet | www.kunst.wuerth.com

 Zug bis Bahnhof »Schwäbisch Hall«

Vorsicht Stufen

Schwäbisch Hall

Vor 500 Jahren wurde die große Freitreppe, die den Marktplatz von Schwäbisch Hall mit St. Michael verbindet, gebaut. Heute zählt die Treppe vor der Kirche zu den berühmtesten Freilichtbühnen der Republik: Die 54 Stufen werden zur außergewöhnlichen Bühne für Schauspieler, Sänger und Musiker, und jährlich rund 60 000 Zuschauer spenden begeistert Applaus. Aber nicht nur das Spiel auf der Freitreppe, auch die begleitenden Veranstaltungen und das quirlige Leben in den Gassen der Altstadt machen Schwäbisch Hall zum Sommerziel erster Güte! Ich habe in der »Ländlichen Heimvolkshochschule Hohebuch«

in den frühen Achtzigern einen vierwöchigen Zivildienstlehrgang absolviert. Wir wussten es alle sehr zu schätzen, dass parallel zu uns eine Horde Schwesternschülerinnen im gleichen Haus ihren Lehrgang absolvierten. Es war eine hochpolitische Zeit und so wählten wir auch Schwäbisch Hall aus, um gemeinsam eine Demo für die Abrüstung zu inszenieren. Wir zogen tapfer mit unseren Schildern und Pamphleten durch die herrliche Altstadt vorbei an völlig desinteressierten Menschen; eine armes Schwein aus  unserer Zivigruppe musste eine Trommel schlagen, was auf peinliche Weise immer wieder ein paar Blicke auf uns zog. Das ging so lang, bis wir die Schwesternschülerinnen entdeckten, die einen Ausflug in Hall machten. Dann stellten wir alle unsere Schilder, Tafeln und Pamphlete ordentlich an die nächste Kneipenmauer, gingen mit den Mädels zum Zechen über und machten unseren persönlichen Frieden.

www.schwaebischhall.de | www.freilichtspiele-hall.de

 Zug bis Bahnhof »Schwäbisch Hall«
und zu Fuß durch die Altstadt

FAMILIEN-ZIELE

Alles im Fluss

Flussbad in Kocher und Jagst

Nur wenige Kilometer voneinander entfernt entspringen die beiden Flüsse Kocher und Jagst und münden fast an derselben Stelle bei Bad Wimpfen in den Neckar. Seltene Fische und Vögel, beispielsweise Wasseramsel und Eisvogel, sind wieder an Kocher und Jagst zurückgekehrt – ein sicheres Indiz, dass die Wasserqualität der Flüsse sich kontinuierlich verbessert. Gleich an mehreren Stellen finden sich idyllische Badeplätze, zum Beispiel in Bächlingen (nahe Langenburg), Dörzbach und Künzelsau. Für alle Flussbäder gilt: Baden auf eigene

Gefahr. Auf Kocher und Jagst kann man auch mit dem Kanu fahren. Die stellenweise braune Wasserfärbung hat nichts mit schlechter Gewässergüte zu tun, sondern wird durch mitgeführten Schlamm verursacht.

Kocherfreibad an den Wertwiesen Künzelsau, Schloßmühlgasse, 74653 Künzelsau, Telefon (0 79 40) 5 94 46, Mo–Fr 13–19 Uhr, Sa und So 10–19 Uhr, Umkleidekabinen, Kiosk und Pool für Kinder | www.mocamping.de

Baden in der Jagst ist zum Beispiel in Dörzbach an der Brücke Hohebach beim Wehr möglich | www.doerzbach.de

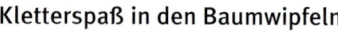

Kletterspaß in den Baumwipfeln

Waldkletterpark Hohenlohe

Hängebrücken, Seilrutschen, Felsengrat – über 70 Kletterstationen sind im Waldkletterpark Hohenlohe in Langenburg in einer Höhe von einem bis 12 Metern miteinander verbunden. Insgesamt sieben Parcours mit unterschiedlichen Schwierigkeitsgraden führen durch den Klettergarten. Nicht nur für Erwachsene, auch für Kinder ab einer Körpergröße von 1,10 Meter. Angst vor einem Absturz braucht man übrigens nicht zu haben: Bevor es in luftige Höhe geht, steht eine detaillierte Unterweisung auf dem Programm; Helm und Klettergurt werden zur Verfügung gestellt. Zuschauer fühlen sich auf der Aussichtsplattform wohl.

Schloss Langenburg, Schloss 1, 74595 Langenburg, Telefon (0 79 05) 9 41 90 33, April und September Fr–So 10–19 Uhr; Mai–August Fr–So 10–20 Uhr, Oktober und November Fr–So 10–18 Uhr | www.waldkletterpark-hohenlohe.de

REGIONAL EINKAUFEN

Im grünen Bereich

Blumen Bierbach

»Blumen machen den Garten, nicht der Zaun!«, lautet ein Sprichwort. Diesem Motto scheint sich Sibylle Bierbach verschrieben zu haben. In ihrem Geschäft bietet sie Pflanzen für Garten, Balkon und Terrasse an, arrangiert Blumensträuße und Gestecke. Darüber hinaus hat sie eine große Auswahl an Terrakotta-Produkten zusammengestellt: von Hand geformte Töpfe, Krüge, Schalen und Figuren – jedes Gefäß und jede Skulptur ein Unikat. Das gesamte Sortiment wird liebevoll arrangiert im Hauptgebäude und im schönen Innenhof präsentiert.

Brauerstraße 1, 74523 Schwäbisch Hall-Gelbingen, Telefon (07 91) 4 79 73, Mo–Fr 8–18 Uhr, Sa 8–16 Uhr, So 10–12 Uhr | www.blumen-bierbach.de

Ein Hofgut lädt zum Kaffeeplausch

Buchenhof

Auf dem Buchenhof werden alte Getreidesorten wie Einkorn, Dinkel und Wildroggen auf biologisch-dynamische Weise angebaut und direkt vor Ort zu geschmackvollen Brotsorten verarbeitet. Neben Backwaren werden im Hofladen weitere Produkte der Region angeboten, zum Beispiel Wurst und Fleisch vom Schwäbisch-Hällischen Schwein und Boeuf de Hohenlohe. Im hofeigenen Café und auf der schönen Terrasse können die feinen bäuerlichen Produkte direkt vor Ort probiert werden.

Brunzberg 22, 74586 Frankenhardt, Telefon (0 79 59) 8 37, Hofladen Do–Sa 8–18 Uhr | www.hohenloher-land.de

In Zeiten, in denen »Nasenkorrektur«, »Brustvergrößerung« und »Hautstraffung« noch Fremdworte waren, wurden in einer Mühle in der Nähe von Brackenheim bereits erfolgreich Verjüngungskuren durchgeführt: Ein Sprung in das Mahlwerk und faltige Weiber verwandelten sich auf wundersame Weise in junge und schlanke Damen. So die Legende. Heute ist die Mühle unter dem Begriff »Altweibermühle Tripsdrill« bekannt und rundherum gruppieren sich ein Vergnügungspark und ein sehenswerter Wildpark. Wer Lust auf spannende Geschichte und Geschichten hat, wird in der gesamten Region fündig. Und irdische Gelüste werden zwischen Neckar und Kraichgau-Stromberg ebenfalls befriedigt. Noch ein Wort zur Altweibermühle: Ich kann mir gut vorstellen, wie die Legende entstanden ist. Der Großbauer lernt auf dem Ochsenmarkt eine ledige Jungbäuerin kennen, entscheidet sich spontan für sie und erzählt seiner Frau daheim solange die Mär von der Altweibermühle, bis sie sich von ihm ins Mahlwerk schubsen lässt und er danach mit der verjüngten Gattin auftaucht. Dass darauf noch keiner gekommen ist?

NECKARTAL & KRAICHGAU-STROMBERG

Sonntags unterwegs

4

GUT ESSEN

ANSCHAUEN & ERLEBEN

FAMILIEN-ZIELE

REGIONAL EINKAUFEN

Lust am Schlemmen

»Reiners Rosine«

Wenn einem beim Blick auf die Speisekarte bereits das Wasser im Mund zusammenläuft, dann befindet man sich im Restaurant »Reiners Rosine«. Inhaber und Küchenchef Gerd Reiner steht für eine aromareiche und marktfrische Küche; bei »Galizischem Muschelspieß auf Petersilienpüree« oder »Weidelamm an fruchtiger Hagebuttensoße« bleiben auch bei Feinschmeckern keine Wünsche offen. Ein besonderes Geschmackserlebnis ist das hausgebraute Bier.

Bildstraße 6, 74223 Flein, Telefon (0 71 31) 3 09 09, Di–Sa 18–23.30 Uhr, So 12–14 Uhr und 18–22 Uhr, jedes erste Wochenende im Monat Sa/So geschlossen | www.reiners-rosine.de

Biergarten mit Panoramablick

Waldschenke-Biergarten »Hörnle«

Ein Vater schickte seinen Buben ins »Lamm« und hieß ihn dort einen Krug Bier holen. Auf dem Heimweg trank der Bub das halbe Krügle leer, bekam es mit der Angst zu tun, brannte durch, diente sich in Amerika auf dem Karriereweg hoch und war nach 15 Jahren Besitzer einer Schlächterei in Chicago. Da fuhr er wieder in die Heimat, ging ins »Lamm«, holte einen Krug Bier, kam damit nach Hause und stellte den Krug auf den Tisch: »Do, Vatter, wär des Bier!« Der Vater stand auf, haute ihm eine herunter und sagte: »Herrgottsblitz, lässt mer sein Vatter so lang aufs Bier warte?« So lange, wie von Thaddäus Troll beschrieben, brauchen Sie sicherlich nicht zu warten. Ein kühles Glas Bier (oder eine Apfelsaftschorle) lässt sich am besten in freier Natur unter Bäumen und in gemütlicher Biergartenatmosphäre genießen. Zum Beispiel in der Waldschenke »Hörnle« in Dürrenzimmern – prächtiger Panoramablick über die Weinberge der Region inklusive.

74336 Brackenheim-Dürrenzimmern, Telefon (0 71 35) 1 25 15, Mo–Sa 11–20 Uhr, So 10–20 Uhr, bei schlechtem Wetter verkürzen sich die Öffnungszeiten | www.waldschenke-hoernle.de

ANSCHAUEN & ERLEBEN

Seite für Seite eine spannende Entdeckungsreise

Literaturmuseum der Moderne

Im Literaturmuseum der Moderne in Marbach werden Besucher zu Reisenden durch das Archiv der Literatur des 20. Jahrhunderts und der Gegenwart. Hört sich zunächst recht »trocken« an, ist es aber nicht. Dem Literaturmuseum wurde ein ganz und gar nicht langweiliges Konzept verpasst. Gleich einer ganzen Reihe von Fragen wird nachgegangen: Wie sehen Ideen aus? Wie werden Stimmungen erzeugt und unvergessliche Geschichten erschaffen? Wie arbeiten Schriftsteller? Was geschieht beim und nach dem Lesen in den Köpfen? Neben Büchern wird auch Persönliches der Schriftsteller ausgestellt, wie zum Beispiel handgeschriebene Notizzettel und unbezahlte Rechnungen. Die Vitrinen selbst wurden so angelegt, dass man auf ausgestellte Exponate sogar einen Blick aus der Froschperspektive werfen kann.

Schillerhöhe 8–10, 71672 Marbach am Neckar, Telefon (0 71 44) 84 80, Di–So 10–18 Uhr | www.dla-marbach.de

 Bus bis »Hölderlinstraße«

Schloss Ludwigsburg

Mit 18 Gebäuden und 452 Räumen zählte das Residenzschloss Ludwigsburg zu den prächtigsten Höfen in Europa. Nicht ohne Grund: Mit allergrößtem Engagement eiferten württembergische Herzöge ihren Vorbildern aus Frankreich und Italien nach, allen voran Herzog Carl Eugen. Rauschende Hoffeste, Opern- und Theateraufführungen wurden ausgerichtet, sodass Ludwigsburg zum Standort eines der größten Opernhäuser Europas wurde. Bei einem Rundgang können Blicke in die unterschiedlichsten Bereiche der Schlossanlage geworfen werden – speziell die kostümierten Führungen sind ein Erlebnis. Direkt am Schloss ist auch der wunderbare Märchengarten; den habe ich schon als Kind geliebt, er ist in Teilen so herrlich altbacken, dass meine Kinder heute noch dort gerne toben und ich sentimentale Vergangenheit atmen kann.

Schloßstraße 30, 71634 Ludwigsburg, Telefon (0 71 41) 18 20 04, Museumsshop Telefon (0 71 41) 18 64 54, alle Museen täglich 10–17 Uhr | www.schloss-ludwigsburg.de

 Bus bis »Residenzschloss«

Kloster Maulbronn

Ein einmaliger Vorgang in der Weltgeschichte: Ein Esel – so die Sage – legte den Grundstein für ein Gebäudeensemble, das heute von der UNESCO als Weltkulturerbe anerkannt ist. Im 12. Jahrhundert sollen sich demnach Mönche mit einem bepackten Maultier aufgemacht haben, um in abgeschiedener Lage ein Zisterzienserkloster zu gründen. Am heutigen Standort des Klosters blieb das Maultier angeblich stehen, um an einer Quelle seinen Durst zu stillen. Die Mönche sollen darin ein Zeichen des Himmels gesehen und beschlossen haben, sich an dieser Stelle niederzulassen. Fakt ist, dass ein Maul-tier das Wappen des Klosters Maul-bronn ziert. Heute gilt das Kloster Maulbronn als die am besten erhaltene mittelalterliche Klosteranlage nördlich der Alpen. Hier sind alle Stilrichtungen und Entwicklungsstufen von der Romanik bis zur Spätgotik vertreten. Von der UNESCO wurde das sehenswerte Ensemble 1993 in die Liste des Weltkulturerbes aufgenommen.

*Klosterhof 5, 75433 Maulbronn, Telefon (0 72 51) 74 26 40
oder (0 70 43) 92 66 10, November–Februar Di–So 9.30–17 Uhr,
März–Oktober täglich 9–17.30 Uhr | www.kloster-maulbronn.de*

 Bus bis »Kloster«

FAMILIEN-ZIELE

Tierische Begegnungen im Wunderwald

Wildparadies Tripsdrill

Im Wildparadies Tripsdrill treffen kleine und große Besucher auf Braunbären, Luchse und Wölfe. Im Freigehege kommen Rehe und Hirsche ganz nah und mit etwas Glück fressen sie sogar aus der Hand. Fütterung der Wölfe, Luchse, Bären und Greifvögel täglich um 14.30 Uhr – außer freitags. Mitten im Wald werden in der urigen Wildsau-Schenke verschiedene Getränke und Snacks sowie Würstchen zum Grillen angeboten.

Das Wildparadies Tripsdrill liegt in direkter Nachbarschaft zum Erlebnispark Tripsdrill | Tripsdrill, 74389 Cleebronn, Telefon (0 71 35) 99 99, 15. März bis 2. November täglich ab 9 Uhr, außerhalb der Saison an Wochenenden, Ferien- und Feiertagen 9–17 Uhr | www.tripsdrill.de

 Bus bis »Tripsdrill Erlebnispark« oder »Wildparadies Stromberg«

Drachen steigen lassen

Zugegeben, das Wetter im Herbst ist nicht immer perfekt. Doch wenn der Wind an Stärke zulegt, schlägt die große Stunde der selbstgebastelten Flugobjekte und manövrierfähigen Lenkdrachen. Beste Voraussetzungen bietet beispielsweise eine große Wiese; ein Sicherheitsabstand zu Fußgänger- und Radwegen sollte eingehalten werden und Hochspannungs- und Stromleitungen gilt es zu meiden. Wobei mir klar ist, dass Benjamin Franklin, der mit einem Drachen den Blitz vom Himmel holte, im Jahre 1752 diesen Tipp so nicht gegeben hätte. Ein guter Platz, um Drachen steigen zu lassen, ist zum Beispiel das Feld »Langenmantel« zwischen Großsachsenheim und Hohenhaslach.

REGIONAL EINKAUFEN

Unser täglich Brot

Fessler Mühle

»Vom Acker auf den Tisch« lautet das Motto von Wolfgang Fessler. Landwirte der Region liefern das Getreide, das in der Fessler-Mühle in Sersheim zu den verschiedensten Mehlen, Müslis und Backmischungen verarbeitet wird. Direkt neben der Mühle findet sich die Steinofenbrotbäckerei, in der die in der Mühle hergestellten Mehle zu feinen Backwaren weiterverarbeitet werden. Im hofeigenen Mühlenladen werden verschiedene Brotsorten, ein nach Urgroßvaters Mahlverfahren hergestelltes Spätzlesmehl, Müsli und Hefezopf angeboten. Toll auch die Koch- und Backkurse für Kinder!

Untere Mühle 2–4, 74372 Sersheim, Telefon (0 70 42) 3 39 14, Mühlen-Hofladen Mo–Fr 9–12.30 Uhr und 14.30–18 Uhr, Sa 9–12.30 Uhr | www.beutelkasten.de

 Zug oder S-Bahn bis Bahnhof »Sersheim«, dann durch die Altstadt oder mit dem Bus bis »Fessler Mühle«

Hausgemachtes von bester Qualität

Geßmann Genussmanufaktur

Gewürze und Salze des Gewürzspe-
zialisten Ingo Holland, kaltgepress-
te Öle, hochwertiger Essig, handge-
schöpfte Schokolade, Delikatessen,
Bioland-Eier, Molkereiprodukte und
in der eigenen Mühle hergestellte
Mehle, beispielsweise Spezialmehle
für Ciabatta- und Pizzateige: Xenia
Geßmann hat in Leingarten ein Sortiment zusammengestellt, das garan-
tiert nicht in jedem Supermarkt zu finden ist. Eine kleine Kaffeebar
lädt vor Ort zum Verweilen und Probieren ein.

Heilbronner Straße 43, 74211 Leingarten,
Telefon (0 71 31) 6 42 56 02, Mo–Fr 8.30–12.30 Uhr und 14–18 Uhr,
Sa 8.30–12.30 Uhr | www.muehle-gessmann.de

Eroberung der Geschmacksnerven

Weingut Graf Adelmann

Das Weingut Graf Adelmann in Kleinbottwar
wird in dritter Generation von Michael Graf
Adelmann erfolgreich geprägt und geführt. Er
ist bekannt für seine unkonventionellen Ideen,
und so führte ihn seine Leidenschaft für französische Weine zum Experiment, deutsche
Weine in der Barrique auszubauen. Rund 99 Prozent seiner Weine sind
trocken, die Rotweine werden fast alle im Holzfass ausgebaut. Die Rot-
wein-Cuvées »Herbst im Park« und »Vignette« zählen dabei zur oberen
Klasse der Weine aus Baden-Württemberg.

Auf Burg Schaubeck, 71711 Steinheim an der Murr-Kleinbottwar,
Telefon (0 71 48) 92 12 20, Mo–Fr 9–12 Uhr und 14–18 Uhr,
Sa 9–13 Uhr | www.graf-adelmann.com

»Bald gras' ich am Neckar, bald gras' ich am Rhein ...« heißt es in dem bekannten alten Volkslied. Nun ja, aus kulinarischer Sicht hat die Region eine ganze Reihe interessanter Alternativen zu bieten. Fakt ist auch, dass Rhein und Neckar wirtschaftliche Lebensadern sind und die Region dank der beiden Flüsse zum perfekten Standort für Schaffer und Tüftler wurde und bis heute zu den wichtigsten Industriestandorten in Süddeutschland zählt. Kein Wunder also, dass in Mannheim eines der spannendsten Technikmuseen der Republik zu finden ist.

HEIDELBERG
MANNHEIM
BERGSTRASSE

Sonntags unterwegs 5

GUT ESSEN

ANSCHAUEN & ERLEBEN

FAMILIEN-ZIELE

REGIONAL EINKAUFEN

ÜBER NACHT

GUT ESSEN

Vom Feld direkt in die Küche

Hotel-Restaurant »Grenzhof«

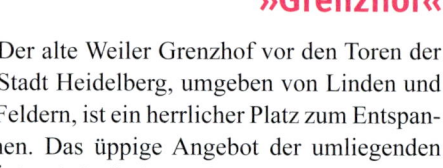

Der alte Weiler Grenzhof vor den Toren der Stadt Heidelberg, umgeben von Linden und Feldern, ist ein herrlicher Platz zum Entspannen. Das üppige Angebot der umliegenden Äcker hält direkten Einzug in die Küche des Grenzhofes. Kein Wunder, dass speziell die meisterlich zubereiteten Spargel-Spezialitäten weit über die Region hinaus bekannt sind. In der »Gutsstube« wird am Abend spanisch-italienisch inspirierte Kochkunst zelebriert, und im Sommer lockt Biergarten-Atmosphäre unter großen Kastanienbäumen in den Innenhof. Wer über Nacht bleiben möchte, findet im Nebengebäude neue, individuell eingerichtete Zimmer: Namen statt Zimmernummern, Sandstein-Lobby mit Kaminfeuer statt anonymer Check-In-Counter. Wunderbar!

Grenzhof 9, 69123 Heidelberg, Telefon (0 62 02) 94 30, Restaurant ab 18 Uhr, Wintergarten und Biergarten ab 15 Uhr, Rezeption 7–24 Uhr | www.landhaus-grenzhof.com

Zu Gast bei den geborenen Genießern

Restaurant »Backmulde«

In der »Backmulde« werden Omas Rezepte neu interpretiert. Viel Gemüse kommt auf den Tisch, und unverkennbar sind die mediterranen

Einflüsse. Probieren Sie den Feldsalat mit Entenbrust und das Zanderfilet in Kräuterkruste. Tagesempfehlungen werden in mündlicher Form am Tisch offeriert. Geschichtsträchtiges Fachwerkgebäude mit schöner Bar und stimmungsvollem Gewölbekeller. Reservierung empfehlenswert.

Hauptstraße 61, 68526 Ladenburg, Telefon (0 62 03) 40 40 80,
Di–So 17–22.30 Uhr; Sa und So 12–14.30 Uhr und 17–22.30 Uhr |
www.back-mul.de

 Zug bis Bahnhof »Ladenburg«

Fahne oben?
––––––

Kirchberghäuschen

Weht die Fahne hoch am Mast, wird bewirtet jeder Gast! Die gehisste Fahne ist das weithin sichtbare Zeichen, dass das Kirchberghäuschen geöffnet ist. Fahne oben! – also auf zu Fuß zum auffälligen Weinberghaus, das mit seinen Säulen an einen römischen Tempel erinnert. Rund 20 Minuten dauert der Spaziergang, vorbei an den Weinbergen, die zu den besten Lagen der Hessischen Bergstraße zählen. Oben angekommen, werden im Kirchberghäuschen zu den  Weinen der Region einfache Speisen wie Kochkäse mit Musik, Hausmacher Wurstplatte oder Kochkäseschnitzel mit Bauernbrot serviert.

Das Kirchberghaus ist die krönende Spitze auf den Weinbergen
oberhalb von Bensheim | Außerhalb 2, 64625 Bensheim,
Telefon (0 62 51) 32 67, Di–So ab 11 Uhr; fällt ein Feiertag auf einen
Montag, ist ebenfalls geöffnet; November und Dezember
nur an Wochenenden 11–17 Uhr, Betriebsferien Januar–Februar |
www.kirchberghaeuschen.de

 Zug bis Bahnhof »Bensheim«

On the Rocks

Felsenmeer Lautertal

Im Felsenmeer im Lautertal im Odenwald sieht es aus, als hätten Asterix
und Obelix riesige, tonnenschwere
Steine von der Bergspitze in das Tal
hinabgekegelt. Tatsächlich handelt es
sich bei den meterhohen Felsen um
natürlich geformten Melaquarzdiorit,
einem granitähnlichen Hartgestein.
Die runden Felsen wurden zu Säulen,
Treppen, Sockeln und Grabsteinen verarbeitet, selbst römische Stein-
hauer arbeiteten zwischen dem 2. und 4. Jahrhundert im Lautertal.
Noch heute können im Felsenmeer zurückgelassene und bearbeitete
Werkstücke entdeckt werden. Das Felsenmeer ist frei zugänglich.

*Das Felsenmeer liegt bei Lautertal-Reichenbach | Felsenmeer
Informationszentrum, 64686 Lautertal (Odenwald),
Telefon (0 62 54) 95 01 60, Informationszentrum geöffnet von Mitte
März bis Ende Oktober 10–16.30 Uhr | www.felsenmeer.org*

FAMILIEN-ZIELE

 Aus Erfahrung klug

Landesmuseum für Technik und Arbeit

Im Landesmuseum für Technik und Arbeit in Mannheim wird auf rund
8000 Quadratmetern die Geschichte der Industrialisierung anhand von
Experimenten und Vorführungen zum Leben erweckt. Bemerkenswert
sind die Bereiche »Elementa«, die sich insbesondere an junge Muse-
umsbesucher richten: Hier wird mit Spiegeln, Prismen und Linsen ex-
perimentiert, mit Luftdruck werden schwere Lasten gehoben und die
von Leonardo da Vinci entwickelten Bauteile einer Bogenbrücke lie-

gen zur (Re-)Konstruktion bereit. Die zahlreichen Versuche machen nicht nur Spaß, sondern Wissenschaft und Technik auch erlebbar und begreifbar. Eine schöne Gelegenheit für Väter, unter dem Vorwand der Kinderbetreuung spannende Versuche zu machen!

Museumsstraße 1, 68165 Mannheim,
Telefon (06 21) 4 29 89;
Di, Do, Fr 9–17 Uhr, Mi 9–20 Uhr,
Sa und So 10–18 Uhr |
www.landesmuseum-mannheim.de

 Straßenbahn bis »Luisenpark/Landesmuseum«

Altstadt-Spaß in Heidelberg

Stadtplan für Kinder

Ein Stadtbummel oder eine Besichtigungstour ist für (und mit) Kinder(n) nicht immer ein reines Vergnügen. Ausgestattet mit einem speziell für Kinder gezeichneten Stadtplan sieht das jedoch schon ganz anders aus: Pausen- und Spielplätze sind ebenso eingezeichnet wie die Sehenswürdigkeiten der Stadt. Und auf der Rückseite sind die spannende Geschichte des Heidelberger Schlosses und eine Stadtrallye beschrieben. So macht ein Stadtrundgang Spaß! Der Altstadtplan für Kinder ist für 3 Euro bei der Tourismusinformation Heidelberg erhältlich.

Tourist Information im Rathaus, Marktplatz 10, 69117 Heidelberg,
Telefon (0 62 21) 5 81 05 80, Mo–Fr 8–17 Uhr, Sa 10–17 Uhr |
Die Tourist Information am Hauptbahnhof ist vom 1. 4. bis 31. 10.
auch an Sonn- und Feiertagen geöffnet: 10–18 Uhr | www.heidelberg.de

 S-Bahn bis »Karlstor«

Der perfekte Ort für die Auszeit zwischendurch

Neckarstrand Ladenburg

Ladenburg hat eine tolle Chance genutzt: Uferzonen wurden neu gestaltet, die Stadt hat sich in Richtung Neckar geöffnet und Bewohner und Besucher entdecken seither den Fluss aus neuer Perspektive. An schönen Tagen herrscht am Neckarstrand in Ladenburg geradezu Urlaubsstimmung. Der Uferweg lädt zum Flanieren ein, auf der benachbarten Neckarwiese lässt es sich herrlich spielen und der Anleger der Fähre ist beliebter Rastplatz für Radler und Inline-Skater. Nur das Baden im Neckar ist leider noch verboten.

Der Neckarstrand befindet sich in Ladenburg zwischen Festwiese und Neckarwiese | www.ladenburg.de

 Zug bis Bahnhof »Ladenburg«

REGIONAL EINKAUFEN

Himmlischer Hofladen

Hofladen der Benediktinerabtei Neuburg

Mit eigenen Streuobstwiesen, der Milchviehhaltung und Forellenzucht liefert die Landwirtschaft der Benediktinerabtei Neuburg in Ziegelhausen natürlich erzeugte Zutaten für Produkte, die im hofeigenen Laden angeboten werden: frische und geräucherte Forellen, saisonales Gemüse, Holzofenbrot, Säfte und verschiedene Käsesorten (Rohmilch-, Schafs- und Ziegenkäse). Einzigartig ist das Angebot an Efeu.

Die Abtei liegt am nördlichen Neckarufer zwischen den Heidelberger Stadtteilen Neuenheim und Ziegelhausen| Stiftweg 2, 69118 Heidelberg, Telefon (06221) 6530559, Mo–Sa 10–19 Uhr und So 10–12 Uhr und 14–18 Uhr | www.stift-neuburg.de

 Bus bis »St. Paulusheim«

Liebesgrüße aus Heidelberg

Studentenkuss-Haus

In Zeiten, in denen Gouvernanten über die Unversehrtheit der ihnen anvertrauten jungen Damen wachten, wurde die Kontaktaufnahme zur Angebeteten zur echten Herausforderung. Also entwickelte Fridolin Knösel die Nougatpraline »Studentenkuss«. Nicht Blumen und Liebesbriefe, sondern eine Nougatpraline wird in Heidelberg seit über 100 Jahren als Symbol der Zuneigung überreicht. Der Studentenkuss-Praline ist ein eigener Verkaufsladen gewidmet.

Haspelgasse 16, 69117 Heidelberg, Telefon (0 62 21) 2 23 45, täglich 11–18 Uhr

 S-Bahn bis »Karlstor«

ÜBER NACHT

Erste Adresse für Designliebhaber

»Arthotel Heidelberg«

Designhotels sind »in« – ein Trend, der auch in Heidelberg Einzug gehalten hat. Inmitten der Altstadt wurde ein ehemaliges Möbelhaus zum schicken Designhotel umgebaut. Hinter unspektakulärer Fassade dominieren schlichte Eleganz, puristisches Design wird auf gelungene Weise mit hellen Farben und Eichenparkett kombiniert. Im Sommer schöner Innenhof. Restaurant, Hotelbar.

Das »Arthotel Heidelberg« liegt in nächster Nähe zur Universitätsbibliothek und zur Neuen Universität | Grabengasse 7, 69117 Heidelberg, Telefon (0 62 21) 65 00 60, Restaurant täglich 10–23 Uhr, Lounge täglich 18–1 Uhr | www.arthotel.de

 Bus bis »Peterskirche«

Natur erleben, draußen sitzen und dem Alltag, zumindest für eine Weile, entfliehen. Kein Problem – wir haben das passende Rezept. 1.) Tübingen als Ausgangspunkt wählen. 2.) Nach einem Streifzug durch die Stadt die landschaftlich reizvolle Umgebung erkunden, am besten bei einer Tour auf Inline-Skates oder mit dem Fahrrad durch das Ammertal in Richtung Herrenberg. 3.) Mit der Ammertalbahn in 24 Minuten von Herrenberg wieder zurück zum Ausgangspunkt. 4.) Pausen nicht vergessen! Denn entlang der Tour reihen sich Rastplätze wie Perlen an einer Kette. Ob Hofgut, Picknickplatz, Gasthaus oder feines Restaurant – jeder findet hier seinen Lieblingsplatz!

TÜBINGEN
& SCHÖNBUCH

Sonntags unterwegs   6

GUT ESSEN

ANSCHAUEN & ERLEBEN

FAMILIEN-ZIELE

REGIONAL EINKAUFEN

Feinschmecker im Visier

Gasthof »Krone«

Auf einer über 300 Jahre alten Tischplatte, die im Eingangsbereich präsentiert wird, soll sich Hölderlin verewigt haben, und gut möglich, dass auch Goethe auf seinem Weg durch Waldenbuch hier rastete. Jedenfalls verweilt man auch heute noch im Gasthof »Krone« in Waldenbuch in bester Gesellschaft. Das Haus hat sich der französisch-internationalen Crossover-Küche verschrieben, basierend auf regionalen Produkten. Die alle zwei bis drei Wochen saisonal neu ausgerichtete Speisekarte nennt drei Fisch- und drei Fleischgerichte; kompromisslos wird auf absolute Frische gesetzt. Und das mit Erfolg: Alles, was in der schmucken Gaststube serviert wird, ist ein Gedicht! Ausgezeichnete Weinkarte mit vielen regionalen Schwerpunkten. Schöne Gartenterrasse.

Nürtinger Straße 14, 71111 Waldenbuch, Telefon (0 71 57) 40 88 49, Do–Mo 11.30–14 Uhr und 18–23 Uhr, Mi 18–23 Uhr | www.krone-waldenbuch.de

 Bus bis »Waldenbuch Postamt«

Von Natur aus schwäbisch

Hofgut Schwärzloch

Die Konzession zum Ausschank von Obstmost im Jahre 1886 schuf beste Voraussetzungen, dass aus dem Hofgut Schwärzloch eines der traditionsreichsten Ausflugslokale in der Region um Tübingen wurde. Most findet sich auch heute noch auf der Karte und wird gerne im kleinen Krug serviert. Dazu Linsen mit Spätzle oder ein Vesper und ein herrlicher Blick über das Ammertal – mehr braucht es nicht, um einen Tag gemütlich verbringen zu können. Im Innenbereich wird nicht nur in der Gaststube, sondern auch in einer sehenswerten Kapelle aufgetischt.

Das Hofgut Schwärzloch liegt am westlichen Ortsende von Tübingen, abseits der B 28 nach Unterjesingen | Schwärzloch 1, 72070 Tübingen, Telefon (0 70 71) 4 33 62, Mi–So 11–22 Uhr | www.hofgut-schwaerzloch.de

 Bus oder Ammertalbahn bis »Westbahnhof«

In bester Tradition

Bergcafé Reusten

Die Begriffe »schlicht« und »unspektakulär« beschreiben das »Bergcafé« am besten, jegliche gastronomische Trends wurden entweder verschlafen oder ignoriert. Und genau darin begründet sich das Flair der kleinen Gaststätte in Ammerbuch-Reusten. »Sehen und gesehen werden« interessiert hier oben genauso wenig wie »Haute Cuisine«; stattdessen wird man in angenehm zwangloser und friedlicher Atmosphäre empfangen. Die Geschwister Marie und Sophie Haupt haben diesen Ort geprägt, Saitenwürstle und Omelett zubereitet, Kuchen gebacken und das Gespräch mit den Gästen gesucht. Nicht mehr und nicht weniger. Schön, dass diese Tradition von Joanna Savidu fortgeführt wird.

Das Bergcafé Reusten liegt auf dem Kirchberg in Reusten | Am Kirchberg 14, 72119 Ammerbuch-Reusten, Telefon (0 70 73) 72 52, Mo–Sa 13–20 Uhr, Sonn- und Feiertage 10–20 Uhr

Gasthof »Linde«

Gastronom Ingo Willms ist ein Wirbelwind, der sich immer wieder etwas Neues einfallen lässt. So sind auf der Speisekarte der »Linde« im Herrenberger Stadtteil Affstätt neben den Klassikern der Regionalküche auch viele raffinierte Variationen zu finden, wie zum Beispiel Blattsalate mit Lindenblütenhonigdressing oder ein alkoholfreier Streuobstwiesencocktail. Im großzügigen Garten werden kunstvoll geschmiedete Stahlobjekte zum Blickfang – und zum Spielobjekt für Kinder. Eine übergroße Libelle wird so zur kunstvollen Rutsche. Und am Abend sorgt das flackernde Licht der Kreuzfeuer im Garten für eine unvergleichliche Atmosphäre. Auch wenn man es auf den ersten Blick von außen nicht vermutet: Die Linde ist ein herrlicher Wohlfühlort – mit toller Speisekarte und einem überaus engagierten Gastgeber.

Kuppinger Straße 14, 71083 Herrenberg, Telefon (0 70 32) 3 16 70, Do-Mo 12–14 Uhr und 18–23 Uhr | www.dielin.de

ANSCHAUEN & ERLEBEN

Stochern und Staunen

Stocherkahn

Tübingen ist – wie Rom – auf sieben Hügeln gebaut. Viele berühmte Geister prägten die Stadt, und das evangelische Stift war so etwas wie eine »Talentschmiede«. Kepler gehörte ebenso zu den »Stiftlern« wie Hegel, Hölderlin und Mörike. Ein besonders interessanter Blick auf die Stadt eröffnet eine gemütliche Stocherkahnfahrt entlang der Neckarfront. Dabei ist das Steuern eines Kahns kein leichtes Unterfangen, schließlich liegt das Leergewicht eines Kahns bei annähernd 400 Kilogramm. Rechnet man das Gewicht der Passagiere dazu … wie gut, dass man in Händen eines erfahrenen Stocherers ist. Einige der Kähne haben sogar einen Grill an Bord, sodass im Sommer mitten auf dem Neckar Barbecue möglich ist. Wer das mal erlebt hat, schüttelt bei der Heimfahrt immer wieder den Kopf und sagt zu sich selbst: »Das glaub ich gar nicht!«

Verkehrsverein Tübingen,
An der Neckarbrücke 1, 72072 Tübingen,
Telefon (0 70 71) 9 13 60, Mo–Fr 9–19 Uhr, Sa 10–16 Uhr, 1. 5. bis
30. 9. sonn- und feiertags 11–16 Uhr | www.tuebingen-info.de

 Zug bis »Tübingen Hauptbahnhof«

FAMILIEN-ZIELE

Kleine Chocolatiers

Die Ritter Sport Schoko-Werkstatt

Wie kommt die Füllung in die Schokolade? Seit Generationen bewegt Kinder diese Frage. Im Hause »Ritter Sport« nähert man sich nun der Antwort auf praktische Weise: In der Schoko-Werkstatt können Kinder und Jugendliche unter Anleitung zwei eigene Sorten Schokolade samt Verpackung kreieren. Darüber hinaus erfahren die Besucher alles Wissenswerte rund um das Thema Schokolade – von der Kakaofrucht bis zur fertigen quadratischen Tafel. Mindestalter 7 Jahre, Teilnahme nur nach vorheriger Anmeldung möglich, Termine werden im Internet publiziert.

Alfred-Ritter-Straße 27, 71111 Waldenbuch,
Telefon (0 71 57) 9 77 04 | www.ritter-sport.de

 Bus bis »Waldenbuch Postamt«

Grillplatz »Wurmlinger Kapelle«

Wie ein Monolith dominiert der Kapellenberg die Region, die Wurmlinger Kapelle wurde dadurch gar zum Wahrzeichen des gesamten Tübinger Landkreises. Seit 1050 ist der Berg exponierter Standort von Kirchen und Kapellen. Die heutige Wurmlinger Kapelle ist bereits das vierte sakrale Gebäude hier oben. Der Grillplatz befindet sich nur etwas tiefer, nordöstlich der Kapelle am sogenannten Kapellensattel. Beeindruckend ist der Rundumblick, der sich vom Kapellenberg bietet.

Auf einer Infotafel am Parkplatz »Kapellenweg Wurmlingen« ist die genaue Lage des Grillplatzes eingezeichnet.

REGIONAL EINKAUFEN

Immer wieder einen Besuch wert

Silberburg am Markt

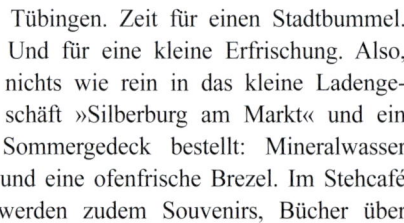

Tübingen. Zeit für einen Stadtbummel. Und für eine kleine Erfrischung. Also, nichts wie rein in das kleine Ladengeschäft »Silberburg am Markt« und ein Sommergedeck bestellt: Mineralwasser und eine ofenfrische Brezel. Im Stehcafé werden zudem Souvenirs, Bücher über Land und Leute, Hochland-Kaffee-Spezialitäten, Ammertal-Whisky, Birnenschaumwein aus der Champagner-Bratbirne und vieles mehr angeboten; die Stimmung zwischen Einheimischen und Touristen ist herzlich.

Wienergässle 1, 72070 Tübingen, Telefon (0 70 71) 55 18 44, Mo–Fr 9–18.30 Uhr, Sa 9–18 Uhr, April–Oktober auch So 11–18 Uhr | www.silberburg-am-markt.de

Ⓗ *Zug bis »Tübingen Hauptbahnhof«, dann zu Fuß durch die Altstadt*

Auf Augenhöhe mit dem Geheimdienst ihrer Majestät

Ackel Hemden

Feuerball. 1965. Bei einem NATO-Übungsflug lässt Bösewicht Largo zwei Wasserstoffbomben mit dem Ziel entführen, von den Weltmächten Diamanten im Wert von 100 Millionen Pfund erpressen zu können. James Bond wird auf den Fall angesetzt. Der britische Topagent entdeckt das Unterwasserversteck der Bomben, verfolgt Largo, bringt ihn zur Strecke und verhindert die Zerstörung zweier Weltstädte. Während des gesamten Films spielt eine Tübinger Firma eine nicht unbedeutende Nebenrolle: Hauptdarsteller Sean Connery trägt Hemden aus der Kollektion des Tübinger Unternehmens Ackel.

Ackel Hemden werden in Tübingen im »Alten Waschhaus« der Ackel Hemdenfabrik angeboten, nur wenige Schritte vom Hölderlinturm entfernt | Bursagasse 2/1, 72070 Tübingen, Telefon (0 70 71) 96 52 44, Mo–Fr 9–18 Uhr, Sa 9–13 Uhr | www.ackel.de

 Zug bis »Tübingen Hauptbahnhof«

Format ist keine Frage der Größe

Jesinger Hoflädle

Im Jesinger Hoflädle hat Inhaberin Claudia Müller ein kleines, aber feines Sortiment zusammengestellt: Obst, Gemüse und Kräuter aus der Region, Unterjesinger Weine (Tipp: »Unterjesinger Acolon trocken«), frisch gebackenes Holzofenbrot und Öl in Bioqualität. Zu den besonderen Spezialitäten zählen die haus- und handgemachten Brotaufstriche, wie das Riesling- und Müller-Thurgau-Gelee.

Jesinger Hauptstraße 125, 72070 Tübingen-Unterjesingen, Telefon (0 70 73) 91 06 35, Do 15–19 Uhr, Fr 9–13 Uhr und 15–19 Uhr, Sa 9–13 Uhr

Was haben die Hawaii-Inseln, die Serengeti und die Schwäbische Alb gemeinsam? Für den eingefleischten Hanseaten gelten die Einwohner aller dreier Gebiete wegen ihrer für ihn unverständlichen Sprache als »Ausländer«. Und alle drei Gebiete wurden von der UNESCO ausgezeichnet und sind als schützenswerte Regionen eingestuft. Der »GeoPark Schwäbische Alb« bietet zahlreiche Höhlensysteme, die über Jahrtausende mit der Kraft des Wassers ausgewaschen wurden und heute besichtigt werden können. Erdgeschichte »zum Greifen nah«, zum Beispiel bei einer Tour in die Unterwelt der Tiefenhöhle Laichingen, einer einzigartigen geologischen Schatzkiste, deren Entdeckung sich unbedingt lohnt.

REUTLINGEN & SCHWÄBISCHE ALB

Sonntags unterwegs

7

GUT ESSEN

ANSCHAUEN & ERLEBEN

FAMILIEN-ZIELE

REGIONAL EINKAUFEN

ÜBER NACHT

Bodenständig im besten Sinn

Gestütsgasthof Offenhausen

Der Gestütsgasthof Offenhausen ist eines der beliebtesten Ausflugslokale auf der Schwäbischen Alb. Die Inhaberfamilie Gulewitsch setzt erfolgreich auf Produkte aus der Umgebung und bodenständig schwäbische Gerichte. Von der Gartenterrasse aus hat man einen Blick auf die Ställe, in denen Pferde des Landgestüt Marbach untergebracht sind.

Der Gasthof liegt direkt bei der ehemaligen Klosteranlage Offenhausen. Klosterhof 1, 72532 Gomadingen-Offenhausen, Telefon (0 73 85) 9 67 90, täglich ab 11 Uhr bis der letzte Gast geht | www.gule.de

Erste Adresse für fangfrische Forellen

»Alte Hammerschmiede«

Sauberes, unbelastetes Quellwasser, wie es die Zwiefalter Ach bietet, ist die wichtigste Grundlage für die Zucht von Forellen. Und so zögerte Jörg Illing nicht lange, als die direkt an der Zwiefalter Ach liegende »Alte Hammerschmiede« zum Kauf angeboten wurde. Mit großem Aufwand erweckte Familie Illing die Hammerschmiede wieder zum Leben, restaurierte Gebäude und legte Naturteiche für die eigene Fischzucht an. Heute zählt die »Alte Hammerschmiede« zur ersten Adresse für alle Freunde frischer Forellen. Bach- und Regenbogenforellen, Lachsforellen, hausgemachte Fischpasteten und original »Steckerlfisch« können direkt vor Ort verzehrt werden: in der gemütlichen Gaststube oder im schönen Biergarten. Im Hofladen werden Fischspezialitäten zum Mitnehmen angeboten. Neue Gästezimmer.

Gerberstraße 12, 88529 Zwiefalten, Telefon (0 73 73) 91 59 98, Wirtshaus und Biergarten Mi–So 10–18 Uhr, während der Sommermonate bis Sonnenuntergang | www.fischzucht-zwiefalten.de

ANSCHAUEN & ERLEBEN

Hoch zu Ross

Haupt- und Landgestüt Marbach

Der großen wirtschaftlichen und militärischen Bedeutung der Pferdezucht waren sich die württembergischen Landesherren früh bewusst. Auf eine entsprechend lange Tradition schaut die Pferdezucht auf der Schwäbischen Alb zurück. Die Stallungen des Haupt- und Landgestüt Marbach beherbergen heute rund 380 Pferde und insbesondere die Vollblut-Araberpferde machen das Gestüt zum Anziehungspunkt für Besucher

aus der ganzen Welt. Rund ums Jahr lohnt sich ein Besuch: Im Frühjahr werden rund 60 Fohlen aufgezogen, in den Sommermonaten locken Ausfahrten mit dem Planwagen oder der Kutsche, und im Winter wird eine Schlittenfahrt durch die verschneite Märchenlandschaft zum unvergesslichen Erlebnis.

72532 Gomadingen-Marbach, Telefon (0 73 85) 9 69 50, die Ställe sind frei zugänglich täglich von 8–17 Uhr | Kutsch- und Planwagenfahrten (an Sonn- und Feiertagen um 13.30 und 14.15 Uhr auch ohne Voranmeldung), spezielles Sommerferienprogramm, Schlittenfahrt nach Voranmeldung | www.gestuet-marbach.de

Wie man aus einem Ausflug ein kleines Abenteuer macht

Abenteuerpark Schloss Lichtenstein

Ausgestattet mit Helm, Kletter-gurt und Karabiner erfolgt zu-nächst eine ausführliche Einwei-sung am Boden. Anschließend geht's hinauf auf die erste Platt-form. Dem Lauf des Sicherungs-seils folgend hangelt man sich von Baum zu Baum, klettert und schwingt von Station zu Station. Acht unterschiedliche Parcours mit unterschiedlichen Schwierigkeits-stufen. Für trittsichere Abenteurer ab 8 Jahre.

Der Abenteuerpark liegt am Parkplatz »Schloss Lichtenstein«, neben »Schloss-Schenke« und Kinderspielplatz | Schwäbische Alb, 72805 Lichtenstein, Telefon (0 71 29) 69 43 95, Mitte März bis Anfang November, 10. Mai bis 23. Juli täglich 9–19 Uhr, 24. Juli bis 7. September täglich 9–20 Uhr, eingeschränkte Zeiten Mitte März bis Mitte Mai und Mitte September bis Anfang November, Öffnungszeiten werden an Witterungsverhältnisse angepasst | www.abenteuerpark-schlosslichtenstein.de

Stille Wasser ...

Wimsener Höhle

Die Wimsener Höhle ist die einzige mit einem Boot befahrbare Höhle Deutschlands. Bis zu 70 Meter weit kann die Wimsener Höhle be-fahren werden, wobei mehrmals der Kopf eingezogen werden muss, um nicht an die Höhlendecke zu stoßen; das Boot wird von einem Fährmann mit den Händen gesteuert. In Erinnerung bleibt das türkis schimmernde Wasser im Inneren der Höhle. Ein herrliches Erlebnis für schwäbische Väter, wenn sie nach dem Besuch dieser absoluten Attraktion »helenga« ausrechnen, wie viel mehr sie dasselbe mit der ganzen Familie in der Blauen Grotte auf Capri gekostet hätte!

Wimsen Gastronomie GmbH & Co. KG, Telefon (0 73 73) 91 52 60, Höhle geöffnet Mitte März bis Anfang November täglich 10–18 Uhr | www.wimsen.de

REGIONAL EINKAUFEN

Alles Käse

Hohensteiner Hofkäserei

Die Hohensteiner Hofkäserei zählt zu den innovativsten Betrieben auf der Schwäbischen Alb. Nach Bündner Vorbild wird Rohmilch zu original Albkäs, zu herzhaftem Vesperkäse und zu cremig-sanftem Rotkäse verarbeitet und veredelt. Darüber hinaus hat Familie Rauscher eine Herde Wasserbüffel auf die Schwäbische Alb gebracht und vermarktet unter dem Begriff »Albzarella« schwäbischen Büffel-Mozzarella von der Alb. Tipp: Für Übernachtungen stehen auf dem Hof Wander-Hütten zur Verfügung.

Heidäckerhof 1, 72531 Hohenstein-Ödenwaldstetten, Telefon (0 73 87) 12 97, Di–Sa 9–18 Uhr | www.albkaes.de

Der Scheunenladen

Der kleine Scheunenladen ist eine Fundgrube für kreatives Kunsthandwerk und schmackhafte Regionalprodukte. Backhausbrot aus Gomadingen, Käse vom Altschulzenhof, Keramik aus Wasserstetten, Naturseifen aus Dapfen – nahezu alle angebotenen Artikel werden auf der Schwäbischen Alb hergestellt. Inhaberin Daniela Flöte formt Filz und Holz zu schönen Geschenken; jedes gefertigte Werk ist ein Unikat!

Der Scheunenladen findet sich in Hohenstein-Ödenwaldstetten neben dem Brauerei-Gasthof »Lamm« | Lindenstraße 2, 72531 Hohenstein, Telefon (0 73 87) 98 41 42, Mi/Fr/Sa 13–19 Uhr, So 14–17 Uhr | www.scheunenladen.de

Loretto – Ziegenhof und Holzbäckerei

Eine ehemalige Wallfahrtskapelle, in der auf Loretto alles anfing, beherbergt nach gründlicher Renovierung einen kleinen Hofladen. Leckeres Brot – von Weißbrot bis Vollkorn – sowie salzige und süße Kuchen werden im hofeigenen Holzofen gebacken. Darüber hinaus wird Ziegenkäse in verschiedenen Reifeformen und mit unterschiedlichen Gewürzen angeboten, gelegentlich wird das Sortiment um Ziegenwurst ergänzt. Direkt neben dem Hofladen lädt eine kleine, gemütliche Gartenwirtschaft ein.

Loretto, 88529 Zwiefalten-Sonderbuch, Telefon (0 73 73) 23 62, Fr–So von 14–18 Uhr und nach telefonischer Vereinbarung. Winterpause von Heiligabend bis zum letzten Wochenende im März | www.loretto-zwiefalten.de

ÜBER NACHT

Tafel mit Talblick

»Achalm.Hotel«

Sobald Tagesgäste und Ausflügler den Aussichtsberg Achalm verlassen, lässt sich der eigentliche Zauber des Reutlinger Aussichtsberges entdecken. Dann teilt man sich die Stille und den einzigartigen Panoramablick mit etwa 600 Schafen, die ein Reutlinger Hirte jedes Frühjahr auf die Weiden führt, und den verbliebenen Gästen, die ebenfalls im »Achalm.

Hotel« übernachten. Am Abend wird man mit Tafelspitz in Meerrettichsoße und Rehbraten an Wacholderrahmsoße verwöhnt, während man im verglasten Panoramarestaurant den Blick auf die Lichter im Tal genießt. Für eine Übernachtung stehen 35 Zimmer zur Verfügung, die größtenteils über Balkon und Panoramablick verfügen. Alle Zimmer sind Nichtraucherzimmer.

Auf der Achalm, 72766 Reutlingen, Telefon (0 71 21) 482-0, Restaurant Di–So 11–24 Uhr; Küche Di–Sa 11.30–21.30 Uhr; sonn- und feiertags 11–20.30 Uhr; Hotelrezeption Mo–Sa 7–22.30 Uhr und So 8–16 Uhr | www.achalm-hotel.de

In Ulm, um Ulm und um Ulm herum gibt' s jede Menge zu erleben: Blaubeuren ist reich an Kunst und Kultur, die Klosterbibliothek in Wiblingen ist von bewegender Schönheit, und ein Aufstieg auf das Ulmer Münster ist so wertvoll wie eine zweiwöchige Trainingseinheit im Fitness-Studio. Die Region Ulm bietet Vielfalt auf engstem Raum – am besten Sie überzeugen sich vor Ort! Mich verbindet sehr viel mit Ulm: Ich habe große Teile meiner letzten beiden Kabarettprogramme in Ulm geschrieben. Ich habe in Ulm die ersten Auftritte vor mordsgroßem Publikum gehabt: mal beim Schwörmontag und mal – man lese und staune – beim Katholikentag. Vieles in Ulm ist einzigartig. Ich finde, die Menschen dort zeichnet etwas aus, das sehr selten ist: Sie sind städtisch genug, um nicht provinziell zu sein, und doch noch mit einem ländlichen Charme behaftet, der sie offen glücklich sein lässt und der ihnen noch erlaubt, ehrlich zu staunen. Was allerdings kein Ulmer kann: zugeben, dass sein Wetter in der Summe schlechter ist als anderswo. Leute, glaubt mir: Der Nebel im Ulmer Herbst kann einen trübsinnig machen. Ich bin schon in Stuttgart im T-Shirt losgefahren und im Winterpulli in Ulm angekommen. Aber, liebe Ulmer, seid nicht böse, deshalb werdet Ihr nicht halb so arg überrannt, wie es eure herrliche Stadt ohne Nebel eigentlich verdient hätte!

ULM & UMGEBUNG

Sonntags unterwegs   8

GUT ESSEN

ANSCHAUEN & ERLEBEN

FAMILIEN-ZIELE

REGIONAL EINKAUFEN

ÜBER NACHT

Schickes Ambiente und ideenreiche Küche

»Lago« –
Restaurant und Bar am See

Stylisch ist der Eingangsbereich des »Lago« in Ulm: Vor einer farbig illuminierten Glaswand laden eine Bar, Stehtische und Lounge zum Verweilen ein. Im Mittelbereich öffnet sich das Haus zum elegant gestalteten Restaurant und zur 300 Quadratmeter großen Terrasse, die das Gebäude mit einem See verbindet. Ob zum Essen, für einen Drink an der Bar oder zum sonntäglichen Kaffeeplausch – im »Lago« hält man sich gerne auf.

Böfinger Straße 50, 89073 Ulm, Telefon (07 31) 9 50 27 77, Mo–Sa 15–24 Uhr, So 11–19 Uhr | www.lago-ulm.de

 Straßenbahn bis »Donauhalle«

Traditionelle Küche mit moderner Raffinesse

Schildwirtschaft »Zum Rothen Ochsen«

Wenn man in ein Restaurant gerne zurückkehrt, muss man entweder einen triftigen Grund haben. Oder das Haus hat einen nachhaltigen Eindruck hinterlassen. So wie die Schildwirtschaft »zum Rothen Ochsen« mit ihren bodenständigen Speisen, den leckeren regionalen Spezialitäten und der herzlichen Gastfreundschaft. Gut Speisen in zwangloser Atmosphäre – so einfach kann ein Erfolgsrezept sein. Ich habe in Laupheim beim stadtbekannten Fahrlehrer Charly, dem Patenonkel meines Sohnes, vor Jahren den Motorradführerschein gemacht, und wir haben die Zeiten zwischen den Fahrstunden und den Prüfungen sowie die Zeiten davor und danach eigentlich ausschließlich im »Rothen Ochsen« verbracht, was ich bis heute eine gute Idee finde. Die Führerscheinprüfung habe ich dann um ein Haar vermasselt, weil ich einem anderen Verkehrsteilnehmer ein bisschen die Vorfahrt genommen hatte. Weil ich aber alle anderen Prüfungsanforderungen tadellos erfüllt hatte, ließ mich mein Prüfer knurrend durchkommen und gab mir den Führerschein »1a«. Der Prüfer hieß Herr Schindler, und ich schickte ihm später ein Buch von mir zu mit der Widmung: »Für meinen 1a-Prüfungs-Schindler!« Ich habe nie erfahren, ob er sich darüber gefreut hat.

Kapellenstraße 23, 88471 Laupheim, Telefon (0 73 92) 90 07 30, Mo–Fr 11.30–14 Uhr, Mo–Sa 18–22 Uhr | www.rothen-ochsen.de

 Bus bis »Laupheim Rathaus«

ANSCHAUEN & ERLEBEN

Barockes Juwel

Klosterbibliothek im Kloster Wiblingen

Das ehemalige Benediktinerkloster Wiblingen, von außen eher unauffällig, überrascht im Inneren mit einer geradezu verschwenderischen Rokoko-Bibliothek. Prunkvoller als so mancher Festsaal präsentiert sich die Klosterbibliothek, die als Repräsentations- und Empfangsraum für Gäste der Residenz errichtet wurde. Das Deckenfresko und die kunstvolle Ausgestaltung lassen den Raum zum architektonischen Meisterwerk werden. Keine Frage, die Klosterbibliothek in Wiblingen zählt zu den herausragenden Kulturschätzen Süddeutschlands.

Schloßstraße 38, 89079 Ulm-Wiblingen, Telefon (07 31) 5 02 89 75, Museum im Konventbau und Bibliothekssaal: 1. April bis 31. Oktober Di–So 10–17 Uhr, 1. November bis 31. März Sa/So 13–16 Uhr | www.kloster-wiblingen.de

 Bus bis »Wiblingen Pranger«

 Workout auf Schwäbisch

Ulmer Münster

Wie durch ein Wunder überstand das Ulmer Münster den Zweiten Weltkrieg nahezu unbeschädigt. Im Jahre 1377 wurde mit dem Bau des Münsters begonnen, das nach dem Kölner Dom die größte gotische Kirche Deutschlands ist. Über 513 Jahre später wurde der Schlussstein auf die Spitze des Kirchturmes gesetzt: in 161 Metern Höhe! Insgesamt 786 Stufen führen hinauf auf den höchsten Kirchturm der Welt – und wieder hinunter. Eine wahrlich sportliche Leistung, sodass man sich im Anschluss an die Treppentour eine Erfrischung redlich verdient hat. Gleich neben dem Münster bietet das Eiscafé »Il Gelato al Duomo« das beste Eis der Stadt.

Münsterplatz 21, 89073 Ulm, Telefon (07 31) 9 67 50 23, Turmbesteigung im Sommer 9–17.45 Uhr, im Winter 9–15.45 Uhr, aktuelle Öffnungszeiten auf der Internetseite | www.muenster-ulm.de

 Zug oder Straßenbahn bis »Ulm Hauptbahnhof«

Verschlafene Altstadt? Von wegen!

Fischerviertel Ulm

Das Fischerviertel in Ulm bietet einen nahezu unverfälschten Einblick in das mittelalterliche Ulm. Die vielen Brücken, Stege und verwinkelten Gassen machen das Fischerviertel heute zum bedeutendsten Altstadtensemble Ulms. Die Galerien, Geschäfte und Restaurants lohnen ebenso einen Besuch wie das »Schiefe Haus«, das im Guinness-Buch der Rekorde als das schiefste Hotel der Welt genannt wird. Erhalten sind auch Teile der alten Stadtmauer.

Tourist-Information Ulm/Neu-Ulm, Münsterplatz 50, 89075 Ulm, Telefon (07 31) 1 61 28 30 | www.tourismus.ulm.de

 Zug oder Straßenbahn bis »Ulm Hauptbahnhof«

Beeindruckendes Zeugnis sakraler Kunst

Kloster Blaubeuren

Direkt an der Quelle der Blau, die mit einer Schüttung von bis zu 32 000 Litern pro Sekunde eine der größten Quellen Deutschlands ist, wurde einst ein ausgezeichneter Platz für die Errichtung des Klosters Blaubeuren gewählt. Herzstück der Klosteranlage, die sich seit dem 16. Jahrhundert nahezu unverändert präsentiert, ist der Chor und das Chorgestühl, das vom Ulmer Künstler Jörg Syrlin dem Jüngeren geschnitzt worden ist. Von unschätzbarem Wert ist der Hochaltar; ein Wandelaltar, der je nach Jahreszeit ein anderes Gesicht zeigt. Ein Ort der Ruhe ist der im 15. Jahrhundert erbaute Kreuzgang und der Kreuzgarten. Hier kann man sich für eine Weile zurückziehen und dem Alltag – zumindest für einige Momente – entfliehen.

Evangelisches Seminar, Verwaltung Hochaltar, Klosterhof 2, 89143 Blaubeuren, Telefon (0 73 44) 96 26 25, im Sommer täglich 9–18 Uhr, im Winter Mo–Fr 14–16 Uhr, Sa/So 11–16 Uhr | www.seminar-blaubeuren.de

 Bus bis »Blaubeuren Busbahnhof«

FAMILIEN-ZIELE

Senkrecht in das Innere der Erde

Tiefenhöhle Laichingen

Höhlen prägen das Bild der Schwäbischen Alb – rund 100 Höhlen sind in dieser Region bekannt. Besonders spektakulär ist die Tiefenhöhle in Laichingen: Das Röhrensystem dieser Höhle führt in 80 Meter Tiefe! Auf eigene Faust können Besucher auf speziell angelegten Treppen bis in 55 Meter Tiefe hinuntersteigen und dabei eine faszinierende unterirdische Welt entdecken.

Stadt Laichingen, Telefon (0 73 33) 55 86, täglich 9–18 Uhr von der Karwoche, also der Woche vor Ostern, bis zum Ende der Herbstferien in Baden-Württemberg | www.tiefenhoehle.de

REGIONAL EINKAUFEN

Einfach natürlich

Bäcker Steck

Mit 42 Brotsorten und 25 unterschiedlichen Gebäckarten bietet die Bäckerei Steck in Ulm eine unglaubliche Vielfalt an Backwaren an. Allein 13 Brotsorten basieren mit Bioland-Produkten auf Zutaten, die von Bioland-Bauernhöfen nach strengen Kriterien und unter Verzicht jeglicher gentechnisch veränderter Erzeugnisse hergestellt werden. Dinkel- oder Roggensauerteig, Hefe und feines Meersalz bilden die natürlichen Zutaten für die fein-duftenden Bioland-Brote der Bäckerei Steck.

Wielandstraße 61, 89071 Ulm, Telefon (07 31) 9 21 63 39, Mo–Fr 5–18 Uhr, Sa 5–13.30 Uhr | www.biobaeckerei-steck.de

 Bus bis »Wielandstraße«

Basis für eine gesunde Küche

Schimmelmühle

In der Schimmelmühle wird Getreide gründlich gereinigt, zwischen Mühlsteinen zerkleinert, je nach Verwendung zu verschiedenen Mehltypen gemischt und im eigenen kleinen Mühlenladen verkauft. Weizenmehl und Weizenvollkornmehl für Backwaren und Spätzle, Dinkelmehl zum Brotbacken und Weizenvollkornschrot für Müslis; zudem werden

Backzutaten (Sauerteig, Backhefe), Bioflocken und Sämereien (Sonnenblumenkerne, Leinsaat, Kürbiskerne) angeboten. Nachdem die Blaubeurer genauso wie die Mühle meines Onkels in Geislingen »Schimmelmühle« heißt, will ich an dieser Stelle aufklären, dass dies keine Anspielung auf den hygienischen Zustand des Mehls sein soll, sondern die weißen Rösslein meint, die seinerzeit die Transportkutschen zu ziehen hatten.

Mühlweg 5, 89143 Blaubeuren, Telefon (0 73 44) 50 42,
Mo–Fr 10.30–12.15 Uhr und 16–18 Uhr | www.schimmelmuehle.de

 Bus bis »Blaubeuren Busbahnhof«

ÜBER NACHT

Schick, modern und mit ausgezeichneter Ökobilanz

Hotel »Oberschwäbischer Hof«

Die Verwendung von natürlichen Baumaterialien und die Auswahl umweltfreundlicher Einrichtungen haben dazu geführt, dass dem »Oberschwäbischen Hof« in Schwendi das Umweltsiegel »ISO 14001« verliehen wurde. Zwei Gebäudeeinheiten, die durch ein Foyer miteinander verbunden sind, umschließen einen gepflasterten und begrünten Innenhof mit Biergarten. Die Suiten, Appartements und Doppelzimmer sind hell und sachlich eingerichtet, viele Zimmer bieten einen Balkon und schöne Ausblicke auf die oberschwäbische Landschaft. In der Umgebung fasziniert die Architektur des Weishaupt-Forums, ein Werk des New Yorker Architekten Richard Meier.

Hauptstraße 9–15, 88477 Schwendi,
Telefon (0 73 53) 9 84 90 | www.oberschwaebischer-hof.de

»Rosa« führt uns nach Ochsenhausen. Rosa, die Dampflokomotive der Öchsle-Bahn, wurde 1927 auf die Gleise gestellt, und dank vieler ehrenamtlicher Vereinsmitglieder zischt und dampft die Lok bis heute. Die Fahrt mit der Öchsle-Bahn kombinieren wir mit einem Rundgang durch Ochsenhausen. In Ochsenhausen wohnt auch eine Freundin der Familie, und wir haben schon manch schönen Tag dort am Naturbad »Ziegelweiher« oder abends in den Restaurants erlebt. Unvergessen, als mein Vater wieder einmal in Ochsenhausen das große Familientreffen organisiert und alle zum x-ten Male zur offiziellen Stadtführung angemeldet hatte. Mein eigener kleiner Teil der Großfamilie hatte diese schon mehrfach absolviert, reiste deshalb versehentlich 20 Minuten zu spät an, verpasste so den Einstieg in die Führung und setzte sich bei herrlichem Sonnenschein in ein Café direkt an der Rottum. Just als das Eis für die Kinder und der Eiskaffee für die Eltern auf dem Tisch standen, marschierte im Gänsemarsch die Stadtführung vorbei, die aus einem sehr interessierten Stadtführer, meinem sehr interessierten Vater und meiner Restfamilie bestand. Wir winkten allen freundlich zu und entschuldigten uns ein bisschen. Ich habe selten so viel schadenfrohe Blicke auf einmal abgeben dürfen und genauso selten so viele giftige aus der eigenen Familie auf mich gezogen. Um nicht missverstanden zu werden: Ochsenhausen ist herrlich, wunderbar und definitiv eine Reise wert. Doch irgendwann hat man auch in Ochsenhausen alles gesehen, und bekanntermaßen soll man ja immer dann gehen, wenn es am schönsten ist. Kurzum: Nach so viel Idylle braucht der kreative Künstler hochdringend eine Dosis verkommene Großstadt. Zurück nach Stuttgart? Ein Blick auf die Landkarte zeigt: München ist nicht weit! Ja, richtig gelesen: Genau 135 Kilometer sind es bis zum Stachus. Und dann denke ich an Rosa und daran, dass es auch noch andere Züge gibt. Und schon heißt es: Einsteigen, Türen schließen, Abfahrt! München, gib bloß Acht – die Schwaben kommen!

OCHSENHAUSEN
& STIPPVISITE
IN MÜNCHEN

Sonntags unterwegs   **9**

ANSCHAUEN & ERLEBEN

GUT ESSEN

FAMILIEN-ZIELE

REGIONAL EINKAUFEN

ÜBER NACHT

ANSCHAUEN & ERLEBEN

19 Kilometer oberschwäbische Bilderbuchlandschaft

Die Öchsle-Bahn

Die Dampflok »Rosa« lässt die Augen aller kleinen und großen Eisenbahn-freunde strahlen: Das »Öchsle«, wie die Schmalspurbahn liebevoll genannt wird, dampft von Mai bis Oktober an allen Wochenenden von Ochsenhausen nach Warthausen. Und natürlich auch wieder zurück. Rund 70 Minuten benötigt die Lok für die 19 Kilometer lange Strecke – bei dieser gemütlichen Reisegeschwindigkeit bleibt viel Zeit für bewundernde Blicke auf die herrliche Landschaft Oberschwabens. Für alle Prinzessinnen auf der Erbse: Kissen mitnehmen, die Bänke sind hart!

Städtisches Verkehrsamt Ochsenhausen, Marktplatz 1, 88416 Ochsenhausen, Telefon (0 73 52) 92 20 26. Die Öchsle-Bahn ist vom 1. Mai bis Ende Oktober an allen Samstagen, Sonn- und Feiertagen fahrplanmäßig unterwegs, aktueller Veranstaltungs-kalender und Fahrpläne auf der Internetseite | www.oechsle-bahn.de

 Ausgangspunkt Ochsenhausen: »Ochsenhausen Grieser«

 Ausgangspunkt Warthausen: »Warthausen Bahnhof«

 Meisterstück der Architektur

»BMW Welt«

Mit der »BMW Welt« wurde in München ein spektakuläres architek-tonisches Konzept realisiert. Die 16 000 Quadratmeter große Dach-konstruktion erinnert an eine riesige Welle, getragen von lediglich zwölf Pendelstützen, sodass ein nahezu schwebender Eindruck ver-mittelt wird. Weiterer Blickfang ist der Doppelkegel, ein Tornadowir-

bel aus Glas und Stahl, der sich bis unter die Dachkonstruktion schraubt. Solarenergie, die durch das Dach und die Fassaden gewonnen wird, wird gezielt zur Beheizung und Belüftung des Gebäudes genutzt. Im Innenbereich bieten sich aus verschiedenen Ebenen eindrucksvolle Perspektiven auf das einzigartige Gebäude. Die »BMW Welt« bietet Konzertveranstaltungen von Klassik bis Jazz, eine Automobil- und Motorrad-Ausstellung, einen Junior-Campus, wo Jugendliche die Welt der Mobilität entdecken können, und natürlich kann man hier mit einer entsprechend gut gefüllten Börse seinen nächsten BMW kaufen.

Am Olympiapark 2, 80809 München, Telefon (01 80) 2 11 88 22, Di–Fr 9–18 Uhr, Sa/So 10–20 Uhr | www.bmw-welt.com

 U-Bahn bis »Olympiazentrum«

Die perfekte Welle

Surfer auf dem Eisbach

Wellenreiten ist eine Sportart, die man in München nicht vermuten würde. Auf dem Eisbach im Englischen Garten finden Surfer jedoch unerwartet gute Bedingungen. Eine Steinstufe des wasserreichen und schnell fließenden Eisbaches erzeugt eine etwa halbmeterhohe Welle, die von Flusssurfern nahezu ganzjährig genutzt wird. Von einer Brücke aus werfen Zuschauer bewundernde Blicke auf die Riversurfer. Wellenreiten auf dem Eisbach ist nur sehr erfahrenen Surfern empfohlen.

Die Welle im Eisbach findet sich neben dem Haus der Kunst, Prinzregentenstraße 1, 80538 München

 Tram (Straßenbahn) bis »Nationalmuseum/Haus der Kunst«

Fast Food für Feinschmecker

Pommes Boutique

Die zweifach gerösteten bel-gischen Pommes und die Bio-Currywurst mit hausgemachter Curry-Sauce sind den Umweg in die Münchner Amalienstraße allemal wert. »Fast Food mit Qualitätsanspruch« lautet das Credo von Inhaber Berni Heiler, der Mitglied im Nationalen Bel-gischen Frituristen Verband ist. Aus seiner Pommes-Boutique sind gefrorene Produkte ebenso verbannt wie Ketchup aus der Flasche: 20 verschiedene Dips in unterschiedlichsten Geschmackrichtungen stehen frei wählbar zur Verfügung – von Aioli bis zur süßen »Frite Saus Zoet«.

Amalienstraße 46, 80799 München, Telefon (089) 95 47 33 12, Mo-Sa 10–22 Uhr, So 12–20 Uhr | www.pommesboutique.de

 U-Bahn bis »Universität«

Genießen auf bayrische Art

»Sankt Emmeramsmühle«

Das Gasthaus »Sankt Em-meramsmühle«, eine Mühle aus dem 14. Jahrhundert, und der dazugehörige Biergarten zählen zu den schönsten Zie-len in ganz München. Bunt gemischt ist das Publikum, einfallsreich die Speisekarte. »Gaumenerwachen« (Sülze mit Ziegenkäse und mediterranem Gemüse), »Südliche Schönheit« (Hühnerbrust auf Trüffelnudeln) oder »Himmelspforte« (hausgemachter Obazder) – auf der Speisekarte werden bayrische Köstlichkeiten direkt neben Spezialitäten aus den Regionen Südtirol und Toskana aufgeführt. Wenn Gegensätze sich anziehen, ist das Gasthaus »Sankt Emmeramsmühle« ein Schmelztiegel.

Das Gasthaus liegt unterhalb von Oberföhring am Isarhang | St. Emmeram 41, 81925 München, Telefon (089) 95 92 75 95, Mo–Sa 11–1 Uhr, So 10–1 Uhr | www.gourmetguide.com/sankt_emmeramsmuehle

 Metro-Bus oder Stadtbus bis »St. Emmeram«

Öfter mal was Frisches

BLATTsalate

Schweinekrustenbraten, Rostbratwürstl und Schweinshaxe mit Knödel sind Ihnen zuwider? Kein Problem, auch in Bayern kann man sich gesund und vital ernähren. Mitten in München bietet »BLATTsalate« eine gesunde Alternative, ohne auf Geschmack verzichten zu müssen. An einer Salatbar wird eine Riesenauswahl an tagesfrischen und unbehandelten Blattsalaten angeboten, die täglich von regionalen Gärtnern angeliefert werden. Nach Kundenwunsch werden die knackfrischen Salate zusammengestellt und mit Fleisch, Fisch, Käse, Gemüse oder Obst garniert. Für geschmackliche Extravaganz sorgen täglich frisch zubereitete Dressings, zum Beispiel die Sicilia-Sauce mit bestem sizilianischem Olivenöl, Zitronen- und Orangenabrieb und feinem Weinessig.

Schäfflerstraße 5a, 80333 München, Telefon (089) 21 02 02 81, Mo–Sa 10–19 Uhr | www.salate-muenchen.de

 S-Bahn oder U-Bahn bis »Marienplatz«

Nahezu grenzenlose Eindrücke

Deutsches Museum

Das Deutsche Museum ist das größte und bedeutendste Technikmuseum der Welt: Staunen ohne Grenzen und Eindrücke in Hülle und Fülle sind bei einem Rundgang durch das Museum garantiert. Schiffen, Flugzeugen und Erfindungen sind ganze Abteilungen gewidmet. Im Bereich »Energietechnik« werden die Ursachen der globalen Erwärmung und deren Zusammenhang mit unserem Energieverbrauch erläutert, und auch kleine Forscher entdecken Dinge, die zu einem verträglichen Umgang mit der Umwelt beitragen. Die Ausstellung »Pharmazie« informiert interaktiv über die biochemischen Vorgänge im menschlichen Körper, und in der Hochspannungsanlage werden täglich Experimente durchgeführt und Blitzeinschläge simuliert.

Museumsinsel 1, 80538 München, Telefon (089) 2 17 91, täglich 9–17 Uhr, an Feiertagen geschlossen | www.deutsches-museum.de

Ⓗ *S-Bahn bis »Isartor« oder Tram (Straßenbahn) bis »Deutsches Museum*

REGIONAL EINKAUFEN

Kunstsinniges statt Trödel

Museumsshop Kunsthalle

Mode, Schuhe, Schmuck, Naturkosmetik, Wohnaccessoires und Gastronomie: In der Ladenpassage »Fünf Höfe« in München warten 54 Geschäfte auf solvente Kunden; 53 davon lasse ich links liegen und steuere gezielt auf die Kunsthalle zu. Auch hier bestätigt sich, dass in Museumsshops fast immer sorgfältig ausgewählte Artikel angeboten werden, die nicht an jeder Ecke zu finden sind.

Zugang über Theatinerstraße, Maffeistraße, Salvatorstraße und Kardinal-Faulhaber-Straße, 80333 München | Museumsshop Kunsthalle, bei Ausstellung täglich 10–20 Uhr | www.fuenfhoefe.de

 S-Bahn oder U-Bahn bis »Marienplatz«

ÜBER NACHT

Unaufdringlicher Gastgeber

Hotel »Advokat München«

Hinter der schmucklose Fassade aus den 60er-Jahren verbergen sich 50 Hotelzimmer im Retrostyle. Winzige Rezeption, Fotokunst an den Wänden, spartanische Einrichtung, auf den Nachttischen werden Nachtlektüren bereitgelegt. Dank der zentrale Lage im Gärtnerplatzviertel nahe des Isartors können Marienplatz und Viktualienmarkt in wenigen Gehminuten erreicht werden. Die Dachterrasse des Hotels wird bei schönem Wetter zu einer Oase der Ruhe mitten in der Stadt. Übrigens: Am Isartor war früher die »natur«-Redaktion untergebracht, für die ich in den 80er-Jahren Umweltberichte schrieb, anstatt meine Stunden in den Vorlesungen der Technischen Universität zu verbringen. Die Kerninhalte des Journalismus beigebracht hat mir mein heutiger Freund und damals für mich zuständiger Redakteur Hanjo. Ich spielte in diesen Zeiten regelmäßig in einem Münchner Kabarett-Theater, in dem es Mixtshows für Neulinge gab. An einem Abend stand ich zusammen mit einem anderen Neuling namens Willy Astor auf der Bühne, und Hanjo saß im Publikum. Er winkte mich nachher zu sich heran, nahm einen tiefen Schluck Rotwein und sagte in seiner knappen hanseatischen Art: »Mach lieber Kabarett, das kannst du besser!« Jetzt wisst ihr, weshalb es so weit mit mir kommen konnte!

Baaderstraße 1, 80469 München, Telefon (089) 21 63 10 | www.hotel-advokat.de

 S-Bahn oder Tram (Straßenbahn) »Isartor«

Da haben wir den Salat. Und was für einen! Ausgesprochen schmackhafte Salate, leckeres Gemüse und Obst wird überall auf der Insel Reichenau angebaut. Neben der Landwirtschaft prägen gleich drei Kirchen samt dazugehöriger Kulturschätze die Insel, ein Streifzug über die Reichenau darf bei einem Aufenthalt am Bodensee daher nicht fehlen. Oder noch besser: Unternehmen Sie eine Tour rund um die Insel – mit einem Kanu, das direkt vor Ort angemietet werden kann. Nehmen Sie sich auch Zeit für einen Besuch der ausgezeichneten Familienbetriebe am nördlichen Seeufer. Mein Gesamteindruck: Die Bodensee-Region boomt; nicht nur wegen der steigenden Zahl der Wochenend-Ausflügler. Mich hat mal ein Betrunkener in Stuttgart angesprochen, wo ich gerade her käme. Ehrlicherweise sagte ich: »Vom Bodensee!« Daraufhin präsentierte er mir eine Philosophie, die einem nur im betrunkenen Zustand einfallen kann: Der Bodensee, sagte er, sei nicht mit Wasser, sondern mit flüssigem Magnetplasma gefüllt, das die ganze Welt anziehe: Alles, was nördlich des Bodensees wohne, wolle erstaunlicherweise immer an den See. Und alles, was unterhalb des Sees sei, sowieso, denn das sei ja gewissermaßen Afrika. Was soll man dem hinzufügen? Ich liebe den Bodensee zu jeder Jahreszeit, und man spürt den Bodenseeanrainern an, wie gut es der menschlichen Seele tut, wenn sie an einer große Fläche wohnen darf, die man nicht parzellieren, bebauen und einzäunen kann.

BODENSEE

Sonntags unterwegs 10

GUT ESSEN

ANSCHAUEN & ERLEBEN

FAMILIEN-ZIELE

REGIONAL EINKAUFEN

ÜBER NACHT

Die Adresse für ein unvergessliches Geschmackserlebnis

Hotel Restaurant »Seehalde«

Schöner kann die Lage eines Restaurants nicht sein. In erster Reihe, direkt am Bodensee, wird man im Hotel Restaurant »Seehalde« in Maurach empfangen. Geschmacklich spielt die »Seehalde« in der ersten Liga, wobei nicht nur Feinschmeckergerichte, sondern auch Regionales wie Bodensee-Felchen nach Müllerin-Art auf der Speisekarte zu finden sind. Entsprechende Temperaturen vorausgesetzt, wird mittags und abends auf der Seeterrasse serviert – spätestens hier ist man hin- und hergerissen: zwischen der fulminanten Küche und dem schönsten Blick auf den Bodensee. Für Gäste, die länger bleiben möchten, stehen Zimmer mit Seesicht und ein eigener Badestrand mit Liegewiese zur Verfügung.

Das Hotel liegt direkt am Seeufer in Maurach, unterhalb der Klosterkirche Birnau | Maurach 1, 88690 Uhldingen-Mühlhofen, Telefon (0 75 56) 9 22 10, Mi 18–21 Uhr, Do–Mo 11.45–14 Uhr und 18–21 Uhr | www.seehalde.de

 Bus bis »Wallfahrtskirche Birnau«

Verführungskunst mit Seeblick

Hotel »Seehof«

»Spätzle sind etwas Besonderes«, sagt Meistergastronom Jürgen Hallerbach, und so wird in seiner Küche das schwäbische Grundnahrungsmittel mit Blattgold veredelt. Nicht aus geschmacklichen Gründen, sondern um darauf aufmerksam zu machen, dass jede Nahrung eine hohe Wertschätzung verdient. Ob originell oder bodenständig – alles, was serviert wird, ist von höchster Qualität. Ausdrücklich wollen wir an dieser Stelle das ausgezeichnete Preis-Leistungs-Verhältnis des Immenstaader Restaurants loben. Tipp: In direkter Nachbarschaft zum »Seehof« startet die Lädine in den Sommermonaten zu Rundfahrten über den Bodensee. Im 15. Jahrhundert befuhren Lastsegelschiffe, die sogenannten Lädinen, den Bodensee und transportierten Salz von Ost nach West und Bausteine aus dem südlichen Rorschach an das nördliche Bodensee-Ufer.

Am Yachthafen, 88090 Immenstaad am Bodensee,
Telefon (0 75 45) 93 60, täglich 11.30–24 Uhr | www.seehof-hotel.de

 Bus oder Schiff bis »Immenstaad«

Vom Biergarten in den Theaterstadel

»Wirtshaus am Gehrenberg«

In gemütlicher Atmosphäre unter freiem Himmel bis in die späten Abendstunden ein oder zwei kühle Getränke genießen oder doch lieber ein unterhaltsamer Abend im Kabarett? Kulinarik und Kultur – auf dem Gehrenberg, hoch über dem Linzgau-Städtchen Markdorf, liegen beide Vergnügen näher, als man denkt. Im Wirtshaus und im Biergarten wird für das leibliche Wohl gesorgt, während nebenan im Theaterstadel Live-Auftritte von Künstlern und Kabarettisten erlebt werden können. Ich halte das Theater für eines der schönsten in ganz Deutschland und spiele selbst dort regelmäßig und ausgesprochen gern! Wenn ein längeres Gastspiel dort ansteht, geht der Zwist unter meinen Technikern los, wer mit darf. Ich muss in solchen Fällen nicht auf den Tourplan schauen, denn ich weiß: Wenn sie sich um die Arbeit streiten, dann geht's auf den Gehrenberg!

Gehrenberg 1, 88677 Markdorf, Telefon (0 75 44) 7 22 89,
Di–Sa 17–23 Uhr, sonntags Frühstücksbuffet von 10–13.30 Uhr,
Vesper von 14–17 Uhr; 17–22.30 Uhr warme Küche | www.gehrenberg.de

Auf Holzplanken durch die grüne Wildnis

Die Marienschlucht

Die Marienschlucht ist eine wilde Schönheit, die über eine steile Treppe mit insgesamt 230 Stufen erobert werden möchte! Steil fällt der bewaldete Bodanrück hier, zwischen Bodman und Wallhausen, zum Bodenseeufer ab. Zwischen hohen Felswänden führt eine enge Treppe durch die Schlucht, während unter den Stegen ein Bach in Richtung See rauscht. Unten angekommen laden eine Grillstelle und das Ufer zum Verweilen an. Tipp: Vormittags liegt die Marienschlucht in der Sonne. Mit Kinderwagen ist die Schlucht unpassierbar.

Die Schlucht erreicht man am schnellsten vom Waldparkplatz nahe Langenrain | www.marienschlucht.de

FAMILIEN-ZIELE

Ungetrübtes Vergnügen

Kanutour rund um die Insel Reichenau

Besonders reizvolle Perspektiven auf den Bodensee bietet eine Kanutour rund um die Insel Reichenau. Mit kräftig Wasser unter dem Kiel paddelt die Mannschaft von der Station »Schiffslände« in drei bis vier Stunden rund um die Insel. Geführte Touren werden vom Kanu-Zentrum La Canoa angeboten, das ausführliche Programm und Termine werden im Internet publiziert. La Canoa verfügt über 15 Kanustationen im gesamten Bodenseegebiet, an denen Boote angemietet oder zurückgegeben werden können.

*Mietstation »Schiffslände«, 78479 Insel Reichenau, Telefon
(0 75 34) 99 97 67, täglich 10.15–18.30 Uhr (Anfang Mai bis Anfang
Oktober) | Kanu, Paddel und Schwimmwesten können vor Ort
angemietet werden | www.lacanoa.com*

Familien-Abenteuer für zwischendurch

Abenteuerpark Immenstaad

Hoch hinaus. Eigene Grenzen ausloten. Fort-
bewegung über Seile, Baumstämme und Seilrutschen. Der Abenteuerpark Immenstaad bietet
den perfekten Rahmen für ein erlebnisreiches
Familienprogramm, auf insgesamt neun Routen
kann der Hochseilgarten bewältigt werden. Der einfachste Schwierig-
keitsgrad eignet sich bereits für Kinder ab acht Jahren in Begleitung eines
Erwachsenen. Die Parcours für Fortgeschrittene setzen bereits ein wenig
Klettererfahrung und Trittsicherheit voraus. Der Profi-Parcours ist reser-
viert für Hochseilprofis ab 18 Jahre. Denn hier braucht man Nerven wie
Drahtseile – für Dreifachswing, Snowboardrutsche und Kletterwand.

*In Immenstaad in Richtung Markdorf abbiegen und der Ausschilde-
rung »Sportplätze« folgen | Am Klötzenen Forst, 88090 Immenstaad
am Bodensee, Telefon (0 75 45) 94 94 62, täglich 9–18 Uhr |
Die notwendige Ausrüstung wie Helm und Klettergurt wird zur
Verfügung gestellt | www.abenteuerpark.com*

REGIONAL EINKAUFEN

Vitamin C

Reichenauer Gemüse

Die klösterliche Tradition der Reichenau ist auch heute noch prägend
für die Bewirtschaftung der Insel: Neben den Kulturschätzen prägt
insbesondere der Anbau von Gemüse das Bild der Insel. Die Reichenau ist das südlichste Anbaugebiet Deutschlands, das Gemüse wächst
unter idealen Bedingungen und wird von Hand geerntet. An einem

Pavillon direkt an der Halle der Reichenau-Gemüse eG werden die frisch angelieferten Erzeugnisse angeboten. Vom Feld direkt in den Einkaufskorb, frischer geht's nicht.

Marktstraße 1, 78479 Insel Reichenau, Telefon (0 75 34) 9 20 00, Mo und Fr 7.30–12.30 Uhr, Di–Do 7.30–12.30 Uhr und 13.30–16 Uhr, Sa 7.30–12 Uhr | www.reichenaugemuese.de

ÜBER NACHT

Nah am Wasser gebaut

Landhotel »Fischerhaus«

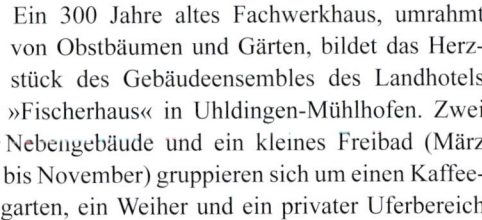

Ein 300 Jahre altes Fachwerkhaus, umrahmt von Obstbäumen und Gärten, bildet das Herzstück des Gebäudeensembles des Landhotels »Fischerhaus« in Uhldingen-Mühlhofen. Zwei Nebengebäude und ein kleines Freibad (März bis November) gruppieren sich um einen Kaffeegarten, ein Weiher und ein privater Uferbereich mit Liegewiese und Badesteg komplettieren die Anlage. Für Gäste, die klassische Zimmer und Einrichtungen einer modernen Design- und Formgebung vorziehen.

Seefelden, 88690 Uhldingen-Mühlhofen, Telefon (0 75 56) 85 63 | www.fischerhaus-seefelden.de

 Zug bis Bahnhof »Uhldingen-Mühlhofen«

Ästhetik und Gastfreundschaft aufs Beste vereint

Ganter Hotel & Restaurant »Mohren«

Mitten auf der Insel Reichenau und in bester Lage befindet sich das Ganter Hotel & Restaurant »Mohren«. Münster, Yachthafen und Inselweg, der rund um die Reichenau führt, können bequem zu Fuß erreicht werden. Im Innenbereich des Hotels dominieren geschmackvoll gewählte Farben, edle Materialien und klare Linien. Modernes Design trifft auf holzgetäfelte Stuben mit Kachelofen. Im Wellnessbereich werden Ayurveda- und Kosmetik-Anwendungen angeboten. Garten-terrasse, Restaurant, Hotelbar. Sauna, Dampfbad und Eisbrunnen.

Pirminstraße 141, 78479 Reichenau-Mittelzell, Telefon (0 75 34) 9 94 40 | www.mohren-bodensee.de

Vom Gefühl, ein persönlicher Gast zu sein

Hotel »Maier«

»Maier« ist kein seltener Name. Um in Erinnerung zu bleiben, muss man sich also einiges einfallen lassen. So wie Familie Maier, die in Friedrichshafen-Fischbach das gleichnamige Hotel führt. In guter Erinnerung bleibt die Küche, die Regionales in bester Qualität bietet: Allgäuer Käsespätzle mit Bergkäse, Kalbsnierle auf schwäbische Art oder gebratenes Bodensee-Felchenfilet an Rieslingschaumsauce. Ebenfalls einen guten Eindruck hinterlassen haben die Zimmer, und vom Saunabereich mit Finnischer Sauna, Dampfbad, Solarium und Sonnenterrasse bietet sich ein Blick über Fischbach und den Bodensee. Ich wohne immer dort, wenn ich im »Bahnhof Fischbach« gastiere; es sind nur ein paar Schritte nach oben bis zum Auftrittsort und nach unten bis zum Seeufer, und ich werde immer so freudig begrüßt, als wäre ich ein naher Verwandter!

Poststraße 1–3, 88048 Friedrichshafen, Telefon (0 75 41) 40 40 | www.hotel-maier.de

 Zug bis Bahnhof »Friedrichshafen-Fischbach«

Schneller, als man es sich versieht, ist das südliche Baden-Württemberg und damit die Grenze zwischen Deutschland und der Schweiz erreicht. »Grüezi wohl!« Also, nichts wie rein zum Grenzbeamten, Vignette erworben und weiter geht's auf eidgenössischen Straßen. Unser Ziel: eine der aufregendsten Städte Europas – Zürich! Bereits eine Dreiviertelstunde später wird nahe der Bahnhofstraße »parkiert« und die Entdeckungstour rechts und links der Limmat, zwischen Röschti und Regenwald kann beginnen.

ZÜRICH
& UMGEBUNG
Sonntags unterwegs 11

GUT ESSEN

ANSCHAUEN & ERLEBEN

FAMILIEN-ZIELE

REGIONAL EINKAUFEN

ÜBER NACHT

GUT ESSEN

Fast Food Swiss made

»Sternen-Grill«

Legendär ist die St. Galler Bratwurst mit knusprigem Gold-Bürli vom »Sternen-Grill« in Züri. Mindestens genauso bekannt ist der Senf, der dazu gereicht wird: Der in kleinen Töpfchen angebotene Senf ist teuflisch scharf und beugt allen Erkältungen der kommenden Monate vor. Sagen Sie bitte nicht, ich hätte Sie nicht gewarnt!

Der »Sternen-Grill« liegt direkt am Straßenbahn-Knotenpunkt »Bellevueplatz« | Theaterstrasse 22, 8001 Zürich-Bellevueplatz, Telefon 00 41 (0)44 2 51 49 49, So–Do 10.30–24 Uhr, Fr/Sa 10.30–1 Uhr | www.vorderer-sternen.ch

 Tram (Straßenbahn) bis »Bellevue«

In der Hauptrolle: feine Backwaren

»Cakefriends«

Zuerst ein Bummel durch das Niederdorf, danach eine Stippvisite bei »Cakefriends«. »Cakefriends« offeriert leckeren Kuchen im Miniformat, zum Beispiel in den Geschmacksrichtungen »Caramell & Baumnuss«, »Zitrone« und »Amaretti«. Alle Minikuchen werden ausschließlich mit natürlichen Zutaten hergestellt. Komplett verzichtet wird auf Stabilisatoren, Emulgatoren und Feuchthaltemittel. Kein Problem:

Ein Kuchen aus dem Hause »Cakefriends« ist so unwiderstehlich, dass er garantiert nicht alt wird!

Torgasse 3, 8001 Zürich, Telefon 0041 (0)44 252 22 11,
Mo–Do 8–22 Uhr, Fr/Sa 8–24 Uhr, So 10–22 Uhr | www.cakefriends.ch

 Tram (Straßenbahn) bis »Bellevue«

ANSCHAUEN & ERLEBEN

Ganz großes Kino

Open-Air Kino am Zürichsee

Während des Sommer-Open-Air-Kinos werden der Zürichsee zur Bühne und das Seeufer zum Logenplatz. Die Filmleinwand, die sich mitten im See befindet, erhebt sich kurz vor Beginn der Vorführung und positioniert sich zwischen See und Zuschauerbühnen. Vom Ufer aus genießt das Publikum Kinofilme, während Boote im Hintergrund über den Zürichsee fahren. Ein einmaliges Erlebnis!

Das Open-Air-Kino liegt am Zürichhorn/Zürichsee |
Bellerivestrasse 170, 8008 Zürich | www.orangecinema.ch

 Bus bis »Chinagarten« oder Schiff bis »Zürichhorn Casino«

Liegeplatz am See

Mole am Yachthafen

Sich einen Nachmittag lang treiben lassen … Einige Stunden am Zürichsee zählen zu den schönsten Vergnügen, die die Stadt zu bieten hat. Weniger frequentiert als das Ufer am Utoquai und am Zürichhorn bietet die gegenüberliegende Seite auf Höhe des Seebades »Enge« die perfekte Alternative. Speziell die Mole am Yachthafen hat sich zu einem beliebten Treffpunkt entwickelt, zumal sich ein kostenfreies Badevergnügen anbie-

tet (in der Zufahrt zu den Liegeplätzen der Boote ist das Schwimmen tabu!).

Die Mole liegt am Mythenquai, zwischen Seebad »Enge« und »Enge Hafen Restaurant« | www.zuerich.com

 Tram (Straßenbahn) bis »Bürkliplatz«

FAMILIEN-ZIELE

 Ich sehe was, was du nicht siehst

Masoala-Regenwaldhalle im Zoo Zürich

Im »Masoala Regenwald«, benannt nach einem Naturschutzgebiet auf Madagaskar, können in einer 11 000 Quadratmeter großen freitragenden Halle Tiere inmitten einer tropischen Umgebung entdeckt werden. Je länger Sie Ihren Blick auf Bambus und Farne richten, desto mehr Tiere werden Sie entdecken: Riesenschildkröte, Weißkopfmaki, Flughund, Lemuren, Chamäleon, Madagaskar-Gecko. In der riesigen Halle bewegen sich die Tiere übrigens völlig frei.

Zoo Zürich, Zürichbergstrasse 221, 8044 Zürich, Telefon 00 41 (0)44 2 54 25 05, März–Oktober 9–18 Uhr, November–Februar 9–17 Uhr | www.zoo.ch

 Tram (Straßenbahn) bis »Zoo«

Traumblick auf Stadt, See und Berge

LAGO – das nautische Zentrum Zürich

Zürich zählt zweifellos zu einer der faszinierendsten Städte der Welt. Eine besonders schöne Perspektive auf die sehenswerte Silhouette der Stadt bietet sich vom Zürichsee aus. Also nix wie raus auf den See!

1.) Tretboot (»Pedalo«) mieten, zum Beispiel bei »LAGO Das nautische Zentrum«. 2.) Den Zürichsee entern. 3.) Die Kinder legen sich so richtig ins Zeug. 4.) Die Eltern genießen zunächst den herrlichen Blick auf Stadt und Berge … und später, während der Fahrt nach Hause, die himmlische Ruhe dank glücklich-erschöpft schlafender Kinder.

Utoquai 6, 8008 Zürich, Telefon 00 41 (0)44 2 62 22 20, Juni-August täglich ab 9.30 Uhr, April-Mai und September-Oktober täglich ab 11 Uhr | www.lago-zuerich.ch

 Tram (Straßenbahn) bis »Bellevue«

Die Eroberung der Luftfahrt

Air Force Center Dübendorf

Im Air Force Center Dübendorf werden Flugzeuge der Schweizer Fliegertruppen ab dem Jahr 1914, Triebwerke, Prototypen, Hubschrauber und eine originalgetreu nachgebaute Radarstation präsentiert. Zu den Besonderheiten zählen verschiedene Flugzeugsimulatoren (P3, ab 12 Jahre; B-737, ab 16 Jahre). Direkt vor dem Museum hebt von März bis Oktober an jedem Samstag die legendäre JU 52 zu Rundflügen über den Bodensee und die Alpen ab. Wer mitfliegen möchte, sollte rechtzeitig reservieren (JU-AIR, Telefon: 00 41 (0)44 8 23 23 24).

Das Airforce Center liegt zwischen Winterthur und Zürich, wenige Kilometer vom Brüttiseller Kreuz entfernt | Überlandstrasse 255, 8600 Dübendorf, Telefon 00 41 (0)44 8 23 20 17, Di–Fr 13.30–17 Uhr, Sa 9–17 Uhr, So 13–17 Uhr | www.airforcecenter.ch

 S-Bahn bis »Dübendorf«

Samstags treffen sich Sammler und Jäger

Flohmarkt Bürkliplatz

Bei Ebay bieten kann jeder … Ein Streifzug über den Flohmarkt hat viel mehr Charme und weckt obendrein Sammelleidenschaften. Auf der Suche nach Kuriositäten, Büchern, Klamotten und Antiquitäten wird man auf dem Flohmarkt am Bürkliplatz in Zürich garantiert fündig. Das Angebot ist riesig und die Händler sind immer zum Feilschen aufgelegt!

Der Flohmarkt ist am Bürkliplatz, gegenüber der Anlegestelle der Kursschiffe | Bürkliplatz, 8001 Zürich, Telefon 0041 (0)44 216 71 60, Sa 8–16 Uhr (Mai–Oktober) | www.buerkliplatz.ch/flohmarkt

Ⓗ *Tram (Straßenbahn) bis »Bürkliplatz«*

Eigener Anbau in klösterlicher Tradition

Klosterladen Kartause Ittingen

Die um 1150 in Warth gegründete Kartause Ittingen ist heute ein Ensemble aus historischen Gebäuden und zauberhaften Gärten inmitten einer lieblichen Landschaft. Ein richtiger Geheimtipp sind die Produkte aus eigener Herstellung, denn zur klösterlichen Tradition gehört, wie man weiß, die Selbstversorgung. Noch heute werden in der Kartause fast alle Erzeugnisse in der eigenen Landwirtschaft, Gärtnerei, Kelter, Käserei, Metzgerei und Bäckerei produziert und veredelt und im Klosterladen, der alleine schon einen Ausflug wert ist, angeboten.

Die Kartause liegt fünf Kilometer von Frauenfeld entfernt | 8532 Warth-Weiningen, Telefon 00 41 (0)52 7 48 44 11 | www.kartause.ch

ÜBER NACHT

Privates Wohnerlebnis in bester Altstadtlage

Bed & Breakfast

Übernachten in Zürich ist teuer? Stimmt leider. Doch statt in einem schicken Hotel kann in Zürich auch in einem Bed & Breakfast übernachtet werden. Zum Beispiel bei Familie Annigna Senn-Sondheimer. Das Haupthaus an der Trittligasse inmitten der Zürcher Altstadt trägt die Jahreszahl 1661, die Besitzverhältnisse des mittelalterlichen Gebäudes lassen sich bis ins 15. Jahrhundert zurückverfolgen. Das Zimmer, das die Familie Senn-Sondheimer zur Vermietung anbietet, befindet sich direkt hinter dem Haupthaus im malerischen Innenhof. Perfekte Lage, eine einmalige ruhige und grüne Oase im Herzen der Stadt! Aber Achtung: Einen Parkplatz vor dem Haus gibt es hier nicht.

Das Haus befindet sich im Oberdorf Zürich, wenige Schritte vom Großmünster entfernt | Trittligasse 22, 8001 Zürich, Telefon 00 41 (0)44 2 51 23 67 | www.bnb.ch

 Tram (Straßenbahn) bis »Helmhaus«

Jenseits von Bollenhut und Kuckucksuhr bietet der südliche Schwarzwald den Rahmen für das perfekte Freizeit-vergnügen: Auf dem Münstermarkt in Freiburg und in aus-gezeichneten Käsereien lässt sich ein Picknickkorb mit feinen Regionalprodukten füllen, auf dem Gipfel des Belchen kann man sich den Wind herrlich um die Nase wehen lassen, auf kurvenreichen Nebenstraßen schlagen nicht nur die Herzen von Zweirad-Fans höher, und für einen längeren Aufenthalt stehen ausgezeichnete Unterkünfte zur Verfügung. Besser geht's nicht!

FREIBURG & SÜD-SCHWARZWALD

Sonntags unterwegs 12

GUT ESSEN

ANSCHAUEN & ERLEBEN

FAMILIEN-ZIELE

REGIONAL EINKAUFEN

ÜBER NACHT

GUT ESSEN

Wo guter Geschmack zu Hause ist

Gasthaus »Zum Kreuz«

In der Bauernstube aus dem Jahr 1755 in Kappel bieten Michael Hug und sein Team ausnahmslos empfehlenswerte, marktfrische Speisen an. Viel Lob verdienen das Lammrückenfilet in Kräuterkruste und die in Mandelbutter gebratene Schwarzwaldforelle. Das Lunch-Menü wird zu einem außergewöhnlichen attraktiven Preis-Leistungs-Verhältnis angeboten. Im Sommer schöne Gartenwirtschaft.

Großtalstraße 28, 79117 Freiburg im Breisgau-Kappel, Telefon (07 61) 62 05 50, Mi–So 12 Uhr bis der letzte Gast geht, warme Küche von 12–14 Uhr und ab 18 Uhr | www.gasthaus-kreuz-kappel.de

 Bus bis »Kappel Kleintalstraße«

Feine Käsespezialitäten

Vesper am Mathislehof

Auf dem Mathislehof wird die hofeigene Milch zu feinsten Käsespezialitäten (Frischkäse, Schnitt- und Hartkäse), Joghurt und Quark verarbeitet, Landbutter und Sauerrahm aus eigener Herstellung ergänzen als Besonderheit das Angebot. Vorbeikommende Wanderer schätzen den Hofladen als Proviantquelle und kehren gerne auf ein Glas Buttermilch und ein zünftiges Vesper ein.

Der Hof liegt in Oberzarten in 1000 Metern Höhe, rund 3 Kilometer vom Bahnhof Hinterzarten entfernt | Oberzartener Weg 2, 79856 Hinterzarten, Telefon (0 76 25) 98 25 82, Mo–Sa 10–13 Uhr und 14.30–18 Uhr

Zug bis Bahnhof »Hinterzarten«

ANSCHAUEN & ERLEBEN

Auzeit von der Zivilisation

Spaziergang zum Mathisleweiher

Idyllisch im Tannenwald versteckt liegt der Mathisleweiher. Der künstlich gestaute Weiher ist ein lauschiger Platz, um für einige Stunden alles andere zu vergessen. Und ein schönes sommerliches Badeziel mit guter Wasserqualität und erfrischenden Temperaturen ist es obendrein. Am schönsten ist es hier unter der Woche oder am Abend, dann teilt man das Badevergnügen mit nur wenigen Gleichgesinnten und man hat den See fast für sich alleine. Entlang des Weges zum Mathisleweiher können je nach Jahreszeit leckere Heidelbeeren gesammelt werden.

Der See liegt rund zwei Kilometer vom Mathislehof bzw. fünf Kilometer vom Bahnhof Hinterzarten entfernt

 Zug bis Bahnhof »Hinterzarten«

Geheimnisvoller Pfad

Die Lotenbachklamm

Die Lotenbachklamm ist ein abenteuerliches Seitental der Wutachschlucht. Wenige Schritte von der Schattenmühle entfernt rauschen Wasserfälle, Stufen und Leitern führen durch die Schlucht, vorbei an steilen Wänden und bemoosten Steinen (hin- und zurück knapp 3 Kilometer). Wer eine größere Tour unternehmen möchte, sollte den »Schluchtensteig« näher betrachten. Der 118 Kilometer lange Weitwanderweg kann auch in einzelnen Etappen begangen werden, zum Beispiel von der Schattenmühle zur Wutachmühle (13 km). An Samstagen, Sonn- und Feiertagen ist die stündliche Rückfahrt zum Ausgangspunkt mit dem Wanderbus möglich.

Als Ausgangspunkt wählen wir den Wanderparkplatz an der Schattenmühle | www.schluchtensteig.de

FAMILIEN-ZIELE

Gut gelaufen

Wanderung auf den Belchen

Fernsehen mal anders: Vom 1414 Meter hohen Belchen kann man den Blick über den südlichen Schwarzwald schweifen lassen, bei klarer Sicht reicht er bis zu den französischen Vogesen, den Gipfeln des Schweizer Jura und sogar den Alpen. Von der Talstation führt ein schöner Wanderweg über den Hägstutzfelsen auf den Gipfel. Alternativ stehen Skyliner-Kabinen der Belchen-Seilbahn zur Verfügung: In einer Fahrzeit von fünf Minuten wird ein Höhenunterschied von 263 Metern auf dem Weg zur Gipfelstation zurückgelegt. Ob man nun zu Fuß oder mit der Seilbahn auf den Belchen kommt, einzigartige Ausblicke sind garantiert! Im Winter wird die Verbindung zwischen Gipfel- und Talstation zur rasanten vier Kilometer langen Schlittenbahn. Falls das jemand interessiert: Ich fahre Ski, aber nicht Schlitten, denn beim Schlittenfahren habe ich mich noch immer verletzt, beim Skifahren nur einmal! Ich frage mich, mit wie viel Todessehnsucht man sich auf einen Schlitten setzen kann? Das Ding ist nicht zu steuern und nicht zu bremsen, es sei denn, man streckt einfach bei Tempo 40 beide Beine nach vorne in den Schnee und wartet ab, was passiert!

Belchen-Seilbahn, Belchen 1, 79677 Schönenberg, Telefon (0 76 73) 88 82 80, täglich 9.15–17 Uhr, Juli–September bei schönem Wetter bis 19 Uhr | www.belchen-seilbahn.de

 Belchen-Bus ab Busbahnhof »Todtnau« bis »Multen Belchenbahn«

REGIONAL EINKAUFEN

Italien ganz nahe

Münstermarkt in Freiburg

Die einen denken beim Schwarzwald an Schinkenspezialitäten und Kirschtorte, die anderen an fangfrische Forellen und Schwarzwälder Kirschwasser. Fündig wird man auf dem Münstermarkt. An Marktständen werden typische Schwarzwald-Spezialitäten ebenso angeboten wir Obst, Gemüse, Salate und Früchte. Dazu mildes, südbadisches Klima – da fühlt man sich fast wie bei einem Bummel über einen italienischen Marktplatz! Viele Schwaben sagen: Mit dem Unterschied, dass man die Italiener verstehen kann. Aber das ist natürlich nur ein alberner Witz am Rande.

Münsterplatz, 79098 Freiburg im Breisgau,
April–September Mo–Fr 7–13 Uhr, Sa 7–13.30 Uhr,
Oktober–März Mo–Fr 7.30–13 Uhr, Sa 7.30–13.30 Uhr.

 Stadtbahn bis »Bertoldsbrunnen«

Edelbrennerei mit samstäglichem Bauernmarkt

Böttchehof

In der ehemaligen Scheune, wo früher Ochs' und Pferd' unterstanden, werden heute feinste, vielfach ausgezeichnete Destillate hergestellt. Samstags jedoch macht die Familie Küchlin vom Böttchehof ihr Scheunengebäude in Wolfenweiler zur Bauernschenke, dann werden Kartoffelsuppe, Flammkuchen oder Bibeleskäsbrot sowie, entsprechend der Jahreszeit, frisch gepresste Säfte angeboten. Ebenfalls samstags findet auf dem Hof ein Bauernmarkt statt und Land-

wirte aus dem Dorf bieten an, was die heimischen Felder hervorbringen. Im Herbst findet das bereits traditionelle Tresterwurstessen statt: Jeden Freitag im Oktober werden Würste im historischen Brennkessel auf Traubentrester zubereitet.

Der Hof befindet sich fünf Kilometer südlich von Freiburg | Basler Straße 76a, 79227 Schallstadt-Wolfenweiler, Telefon (0 76 64) 73 77, Schnapsverkauf Mo–Sa 8–18 Uhr, Bauernschenke Sa 8–15 Uhr, Bauernmarkt Sa 8–13 Uhr | www.boettchehof.de

Verlockende Vielfalt

»Chäs-Chuchi« Gersbach

Früher galt es, auf abgelegenen Höfen die Milch haltbar zu machen, und so wurden im Schwarzwald bereits seit dem Mittelalter viele Käsesorten hergestellt. Heute wird die Tradition der Käseherstellung und Direktvermarktung in einigen wenigen Hofkäsereien fortgeführt. Eine besondere Adresse ist die »Chäs-Chuchi« in Gersbach: In der Tradition der natürlichen und handwerklichen Tradition verarbeiten Sabine und Larry Arango die Milch der Gersbacher Bauern zu feinsten Käsespezialitäten. Zum Sortiment zählen Frischkäse, Weichkäse (Camembert und Fetzenberger) und Schnittkäse.

Wehratalstraße 12, 79650 Schopfheim-Gersbach, Telefon (0 76 20) 15 79, Mo/Mi 8–12 Uhr, Do 15–18 Uhr, Sa 7.30–12 Uhr, So 15–18 Uhr (Sommer) bzw. 14.30–17 Uhr (Winter) | www.breisgau-schwarzwald.de/kaeseroute.htm

ÜBER NACHT

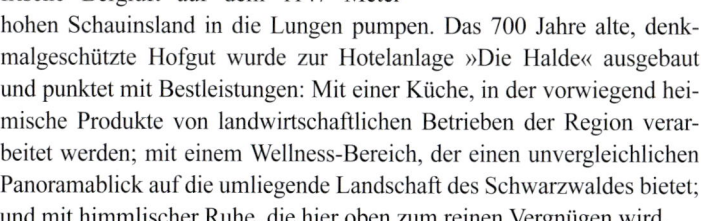

Dem Himmel näher

Hotel »Die Halde«

Neue Energie auftanken. Nichtstun. Die frische Bergluft auf dem 1147 Meter hohen Schauinsland in die Lungen pumpen. Das 700 Jahre alte, denkmalgeschützte Hofgut wurde zur Hotelanlage »Die Halde« ausgebaut und punktet mit Bestleistungen: Mit einer Küche, in der vorwiegend heimische Produkte von landwirtschaftlichen Betrieben der Region verarbeitet werden; mit einem Wellness-Bereich, der einen unvergleichlichen Panoramablick auf die umliegende Landschaft des Schwarzwaldes bietet; und mit himmlischer Ruhe, die hier oben zum reinen Vergnügen wird.

Das Hotel liegt auf der Schauinsland-Passhöhe, zwischen der Seilbahn-Bergstation und Notschrei | Halde 2, 79254 Oberried-Hofsgrund, Telefon (0 76 02) 9 44 70 | www.halde.com

 Bus bis »Schauinsland Halde«

Wie man sich bettet ...

Gasthaus »Sommerau«

Die Lage des Gasthauses »Sommerau«, eingebettet zwischen Wiesen und Wäldern, könnte nicht schöner sein. Hell und freundlich präsentieren sich die Räume im Inneren des Hauses. Alles, was in der »Sommerau« serviert wird, schmeckt ausgezeichnet, sodass auf das Kalorienzählen getrost verzichtet werden sollte. An der Rezeption können kleine Ausritte rund um Sommerau (1–2 Stunden) oder ein Tagesritt rund um den Schluchsee (4–5 Stunden) gebucht werden; Grundkenntnisse im Reiten und Umgang mit Pferden sind erforderlich.

Das Hotel liegt im Weiler »Sommerau«, zwischen Bonndorf und Schluchsee | Sommerau 5, 79848 Bonndorf im Schwarzwald, Telefon (0 77 03) 6 70 | www.sommerau.de

Zugegeben, manchmal möchte man wissen, wie der Nachbar kocht – erst recht, wenn es sich, wie im Falle Baden-Württembergs, bei diesem Nachbarn um das Elsass handelt. Keine Frage, das kulinarische Angebot jenseits des Rheins kann dem badischen das Wasser und den Weißwein reichen und umgekehrt. »Geh doch nach drüben!« ist in dieser Region keine Drohung, sondern Verführung. Auf beiden Seiten fühlen sich Feinschmecker ebenso wohl wie Liebhaber deftiger Kost. Aber spätestens beim Freizeitprogramm hat Baden wieder die Nase vorne, denn mit dem Europa-Park lockt ein Freizeitpark der Superlative nach Rust. Genuss und Vergnügen vis-a-vis – was für eine wundervolle Nachbarschaft! Ich spiele immer wieder dort auf der Bühne bei Galas oder mit SWR3 und nutze jedes Mal die Chance, in den Europa-Park zu entwischen und mich durchschütteln zu lassen. Ein hochmoderner Freizeitpark, der eine Picknickwiese hat und den Leuten anbietet, mitgebrachtes Essen zu verzehren? Ein Amerikaner könnte so etwas gleich mal überhaupt nicht verstehen. Das ist europäische, deutsche, badische Reinkultur! Einmal haben unsere Eltern mit uns Anfang der Siebziger eine Elsassreise gemacht: Colmar mit dem Isenheimer Altar, das alte Städtchen Riquewihr, der erste Crêpe mit frischen Himbeeren und der erste Flammkuchen an der Straße – ich habe noch jeden Eindruck davon im Gedächtnis; das dürfen wir unseren Kindern nicht vorenthalten! Wann immer ich im Grenzgebiet spiele, muss ich auf die französische Seite rüberfahren – und wenn es nur für einen Kaffee und einen kurzen Einkauf im Lebensmittelgeschäft ist! Übrigens: Kaum ist man drüben auf der anderen Rheinseite, merkt man, mit wie wenig Verkehrsschildern man zurechtkommen kann!

RHEINTAL & ELSASS

Sonntags unterwegs 13

GUT ESSEN

ANSCHAUEN & ERLEBEN

FAMILIEN-ZIELE

REGIONAL EINKAUFEN

ÜBER NACHT

Die Adresse für ein unvergessliches Geschmackserlebnis

Auberge »l'Illwald«

Liebhaber der elsässischen Kochkunst pilgern zur Auberge »l'Illwald«. Klassiker wie Choucroute à l'alsacienne werden ebenso angeboten wie saisonale Spezialitäten aus Wald und Flur. Alle Speisen sind handwerklich mehr als überzeugend zubereitet; eine Reservierung ist erforderlich. Aufmerksame Gastgeber, nicht nur im Restaurant, sondern auch im angeschlossenen Hotel: Im Nebengebäude stehen 16 sehr individuell gestaltete Zimmer und Suiten zur Verfügung.

Die Auberge steht an der Verbindungsstraße zwischen Sélestat und Marckolsheim | Le Schnellenbuhl, 67600 Sélestat, Telefon 00 33 (0)390 56 11 40, Mo 9–15 Uhr und 16–22 Uhr, Di 9–15 Uhr, Do–So 9–15 Uhr und 18–22 Uhr | www.illwald.fr

Flammekuche' frisch aus dem Holzofen

Restaurant »Bürestubel«

In der »Bürestubel« in Pfulgriesheim wird eine deftige, uneingeschränkt empfehlenswerte elsässische Küche angeboten. Zum Beispiel »Baeckeoffe«, in Weißwein und Kraut eingelegtes Fleisch, das im Topf serviert wird. Abends wird der Holzofen angeheizt und frische Flammkuchen werden über dem offenen Feuer gebacken. Freundlicher Service, allerdings sollte man nicht allzusehr unter Zeitdruck stehen.

Das Restaurant liegt zehn Kilometer nordwestlich von Straßburg | 8, rue de Lampertheim, 67370 Pfulgriesheim, Telefon 00 33 (0)388 20 01 92, täglich 12–14 Uhr und 19–21.30 Uhr | www.burestubel.com

Authentische Straßburger Weinstube

s'Burjerstuwel »Chez Yvonne«

Elsass ohne Flammkuchen ist wie Schwaben ohne Spätzle. Neben Flammkuchen, der in unterschiedlichen Variationen angeboten wird, spielen weitere traditionelle elsässische Spezialitäten eine Hauptrolle in der sehr schönen Weinstube. Darüber hinaus wird hausgemachte Konfitüre zum Mitnehmen angeboten.

Die Weinstube liegt in einer kleinen Seitenstraße nur wenige Schritte vom Straßburger Münster entfernt | 10, rue du Sanglier, 67000 Straßbourg, Telefon 0033 (0)388 328415, täglich 12–14.15 Uhr und 18–0 Uhr | www.chez-yvonne.net

 Zug bis Bahnhof »Strasbourg«

Bauernvesper

»Strohhof«

Dort, wo eine schmale Straße durch einen tiefen Tannenwald führt und schließlich in einem offenen Tal endet, befindet sich der Schwarzwaldbauernhof/Gaststube »Strohhof«. In der ruhigen Abgeschiedenheit eines kleinen Nebentals, wenige Fahrminuten (oder 40 Wanderminuten) von Gengenbach-Strohbach entfernt, lädt das Hofgut zu einer Rast ein. Schwarzwälder Schinken, Speck, Hausmacher Wurst, Holzofenbrot, Most, Apfelsaft und Schnaps aus eigener Herstellung, Käseteller und hausgemachte Kuchen werden auf der Terrasse oder in der gemütlichen Gaststube serviert.

Strohhof 1, 77723 Gengenbach, Telefon (07803) 3713, Sa–Mi ab 12 bis 20 Uhr, bei Bedarf auch länger

ANSCHAUEN & ERLEBEN

Faszinierende Fachwerkkunst

Gengenbach

Schmale Gassen, romantische Winkel und denkmalgeschützte Fachwerkhäuser: Gengenbach hat sich ein einzigartiges Stadtbild bewahrt. Speziell in der Engels- und Höllengasse findet sich ein geschlossenes Fachwerkbild, wie es nur selten zu finden ist. Die schmalen Gassen sind mit reichlich Blumenschmuck verziert, sodass man sich in ein Freilichtmuseum versetzt fühlt. Postkartenidylle pur! Mit bewundernswerter Geduld lassen die Bewohner der Gassen die Besucherströme gewähren.

www.gengenbach.de

 Ortenau-S-Bahn bis Bahnhof »Gengenbach«

FAMILIEN-ZIELE

 Vom Höllental zum Höllenritt

Europa-Park

Sie glauben, die kurvenreiche Fahrt durch den Schwarzwald lässt sich nicht toppen? Dann sollten Sie unbedingt die neueste Attraktion des Europa-Parks kennen lernen. In unglaublichen 2,5 Sekunden beschleunigt die neue Katapultachterbahn von 0 auf 100 Stundenkilometer, und mit drei gewagten 360-Grad-Rollen, mehreren Steilkurven und einem 32-Meter-Looping zählt die Achterbahn zur absoluten Königsklasse. Mit dieser Attraktion wird der Europa-Park endgültig zur Pilgerstätte aller Achterbahn-Fans! Und wem dies noch nicht ausreicht – zum Park zählen weitere 100 Fahrattraktionen, 12 europäische Themenbereiche, Live-Shows und mehrere Übernachtungsmöglichkeiten – für den gibt es das einer spanischen Finca nachempfundene Hotel »El Andaluz«, die mittelalterliche Ritterburg »Castillo Alcazar«, das römisch-italienische Hotel »Colosseo«, das im Stil eines portugiesischen Klosters erbaute Hotel »Santa Isabel« sowie ein Tipi-Dorf und mehrere Blockhütten.

Europa-Park-Straße 2, 77977 Rust, Telefon (0 18 05) 77 66 88, Sommersaison von Mitte März bis Anfang November täglich 9–18 Uhr, Wintersaison von Ende November bis Mitte Januar täglich 11–19 Uhr (ausgenommen 24./25. Dezember) | www.europapark.de

 Bus bis »Europa-Park Eingang«

Einfach mal treiben lassen

Gifiz-See Offenburg

Sie: Lass uns heute Vormittag einfach mal Nichtstun. *Er:* Diese Idee könnte von mir sein. *Sie:* Picknick statt Kantine. *Er:* Und in der Hand ein kühles Getränk und Wassermelonen. *Sie:* Ich wünschte, wir könnten den Tag am Strand verbringen. *Er:* Können wir. *Sie:* Du machst Witze. *Er:* Wir laufen barfuß durch den Sand. *Sie:* Das will ich sehen. *Er:* Versprochen! (Anmerkung des Autors: Den Tag verbrachten die beiden am Gifiz-See bei Offenburg. Auf der dortigen Halbinsel werden Sandstrand und Liegestühle von Holzhütten im typisch schwedischen Stil flankiert; darüber hinaus lädt ein Strandbad zum Schwimmen ein und es können Boote gemietet werden.)

Gifiz-See, an der Platanenallee in Offenburg

Edelster Rebensaft

Weingut Duijn

Die Biografie von Jacob Duijn liest sich wie ein spannendes Buch. Geboren und aufgewachsen in den Niederlanden, ist er als Sommelier in den renommiertesten Häusern tätig, bevor er sich einen Lebenstraum erfüllt: Im badischen Bühl kaufte Duijn 1994 seinen ersten Weinberg von einem ortsansässigen Winzer, und in rekordverdächtiger Zeit arbeitete er sich an die Spitze der deutschen Rotweinerzeuger. Die außergewöhnlichen Rotweine des inzwischen beträchtlich erweiterten Weingutes erreichen Bestnoten – beim Fachpublikum und bei Weinliebhabern gleichermaßen.

Hohbaumweg 16, 77815 Bühl, Telefon (0 72 23) 2 14 97 | www.duijn.de

Liebe auf den ersten Biss

Patisserie Christian

Wer Appetit auf Schokoladenspezialitäten und Patisserie vom Feinsten hat, ist bei Christian in Straßburg bestens aufgehoben. Allerfeinste Backwaren, Törtchen, Pralinés und Eiskreationen werden in der

Traditions-Chocolaterie nicht nur kreiert und im Ladengeschäft verkauft, sondern auch gleich im kleinen Café zum Verzehr angeboten. Möchte man die Leckereien vor Ort genießen, erhält man einen Zettel, streift durch das Geschäft und notiert die Objekte der Begierde. Die Vielfalt ist schlichtweg zu groß, als dass alle Produkte und Variationen auf einer Speisekarte genannt werden könnten. Tipp: Die zahlreichen Sorten Trinkschokolade im Ausschank des Cafés.

10, rue Mercière; 67000 Strasbourg,
Telefon 00 33 (0)388 22 12 70, Laden täglich 11.30–14 Uhr,
Tee-Salon 7.30–11.30 Uhr und 14–18 Uhr | www.christian.fr

 Zug bis Bahnhof »Strasbourg«

ÜBER NACHT

Wie zu Hause

»Les Hirondelles«

Ein ehemaliger Bauernhof im kleinen elsässischen Bilderbuchdorf Illhaeusern wurde zu einem einfachen Hotel umgebaut. »Schlafen wie in Abrahams Schoß« könnte das Motto des Hauses lauten: Das Gebäudeensemble des »Les Hirondelles« umschließt einen kleinen, mit Blumen geschmückten Innenhof; ein Refugium, das sich ganz anders als jedes andere Hotel präsentiert. Der Vollständigkeit wegen: Die »L'Auberge de l'Ill«, Komet am Gourmet-Sternenhimmel, befindet sich nur wenige Schritte kurz vor der Brücke über dem Flüsschen Ill entfernt.

68970 Illhaeusern, Telefon 00 33 (0)389 71 83 76

*Bei seinem Aufenthalt in Baden-Baden im Jahre 213 n. Chr.
zeigte sich der römische Kaiser Caracalla ganz begeistert von der ausgezeichneten Qualität der Thermalquellen.
Mir geht es heute nicht anders: Einige Stunden im
Friedrichsbad wirken so entspannend wie ein dreitägiger
Urlaubsaufenthalt. Unbedingt die Seifenbürsten-
massage mitbuchen – ein Erlebnis der anderen Dimension
und in der Summe regelrecht preiswert! Verlässt man
das mondäne Baden-Baden, bietet sich in den Wäldern und
Tälern des Nordschwarzwalds das perfekte Kontrast-
programm an: Wandern, bis die Socken qualmen. Völlig klar,
dass nach einer erlebnisreichen, aber anstrengenden
Wanderung der Ruf nach Entspannung wieder lauter wird und
sich ein erneuter Besuch im Friedrichsbad geradezu auf-
drängt. Das Risiko, zwischen Buden-Baden und Nordschwarzwald in eine Freizeit-Endlosschleife zu geraten, darf
demnach nicht unterschätzt werden! Ich versuche immer
wieder – oft auch erfolgreich –, nach einem Arbeitsbesuch beim SWR ins Friedrichsbad zu gehen. Wobei ich
zugeben muss, dass ich manchmal auch schon extra ins
Friedrichsbad gefahren bin und danach eben
noch einen Arbeitsbesuch beim Sender absolviert habe.*

BADEN-BADEN &NORD-SCHWARZWALD

Sonntags unterwegs   14

GUT ESSEN

ANSCHAUEN & ERLEBEN

FAMILIEN-ZIELE

REGIONAL EINKAUFEN

ÜBER NACHT

Vespern in der Kirche

Gasthaus-Café »Zur alten Kirche«

Nicht *die* Vesper, das liturgische Abendgebet der Kirche, sondern *das* Vesper hat Einzug in die »alte Kirche« gefunden. Die romanisch-gotische Kirche aus dem 13. Jahrhundert war lange Zeit ein Wallfahrtsort, heute befindet sich in dem Gebäude eines der ungewöhnlichsten Schwarzwälder Gasthäuser. Ohne dass der sakrale Bau verändert wurde, nimmt man heute an Tischen im Chor Platz und verspeist die leckersten selbstgebackenen Kuchen oder ein zünftiges Vesper.

72290 Loßburg-Unterbrändi,
Telefon (0 74 46) 22 61, Sa/So 11.30–22 Uhr,
bei Bedarf auch länger

Frisch aufgegabelt

Restaurant »Molkenkur«

Molke ist praktisch frei von Fett und Cholesterin; schon in der Antike wurden Molkekuren zur Entschlackung durchgeführt. Im Jahr 1828 eröffnet das gleichnamige Restaurant in Baden-Baden zum ersten Mal seine Türen und seit diesem Zeitpunkt mischte man frische Molke mit Baden-Badener Thermalwasser. Heute wird im Restaurant »Molkenkur« eine deutlich gehaltvollere Kost angeboten; die Speisekarte bietet eine feine Auswahl, beispielsweise

»Rehmaultäschle« und »Penne mit geschmorten Zucchini«. Besonders schön ist der idyllische Biergarten am Waldrand. Mittagstisch zu einem in Baden-Baden konkurrenzlosen Preis.

Quettigstraße 19,
76530 Baden-Baden,
Telefon (0 72 21) 3 32 57,
Mo–Sa 11.30–14.30 Uhr und
ab 17 Uhr, So ab 17 Uhr,
geöffnet bis der letzte Gast geht |
www.molkenkur-baden-baden.de

Zum Anbeißen

Zur alten Mühle

Regenbogenforellen, Bachforellen, Lachsforellen, Saiblinge und Karpfen wachsen in der Fischzuchtanlage des Restaurants »Zur alten Mühle« in Neuenbürg im reinen Quellwasser der Eyach heran. Die frischen Fische springen sozusagen vom Teich direkt in die Pfanne: Wer möchte, kann sein Glück herausfordern und

an einem der Teiche die Angel auch selbst auswerfen. Sollte wider Erwarten kein Fisch anbeißen, muss auf eine lecker zubereitete Fischspezialität natürlich dennoch nicht verzichtet werden. Spezialität des Hauses sind herzhafte im Silbermantel gegrillte Forellen.

Im Gänsbrunnen, 75305 Neuenbürg, Telefon (0 70 82) 9 24 00 |
www.zordel.de

🅗 *S-Bahn bis »Neuenbürg Eyachbrücke«*

Schwarzwälder Kirschtorte der Spitzenklasse

Café »Hofbäck«

Mehrere Lagen dunkler Biskuitboden, Schlagsahne, Schokoladenraspel, Kirschen und Kirschwasser, wie es nur im Schwarzwald hergestellt wird: Im Café »Hofbäck« in Baiersbronn wird eine Schwarzwälder Kirschtorte der geschmacklichen Extraklasse gebacken. Ebenso bekannt sind die Backwaren und Schokoladen-Träume, die von Eberhard Holz und seinem Team hergestellt werden. Über Baden-Württemberg hinaus ist das Hofbäck eine Institution – kein Wunder, dass täglich Hotels beliefert werden, die zusammengefasst mit über 16 Michelin-Sternen dekoriert sind.

Rosenplatz 16, 72270 Baiersbronn, Telefon (0 74 42) 35 44, Mo–Sa 6.30–18 Uhr und So 7.30–18 Uhr

H *S-Bahn bis Bahnhof »Baiersbronn«*

ANSCHAUEN & ERLEBEN

Wanderung rund um die Gourmet-Hauptstadt Deutschlands

Sattelei Hütte

»Wer zu Fuß reiset, hängt von nichts als seinem Willen und seinem Vergnügen ab.« Um die angenehme Freiheit einer Wanderung, wie sie Johann Gottfried Ebel beschreibt, ebenfalls zu erleben, macht man sich am besten auf den Weg nach Baiersbronn. Ein kurzweiliges Vergnügen ist die rund 1 ½-stündige Rundwanderung von Baiersbronn-Mittelal zur Sattelei-Hütte. Hermann Bareiss, der für seine feine Gourmetküche international bekannt ist, ist Pächter der Sattelei und bietet in seiner Wanderhütte zünftige Vesper zu günstigen Hüttenpreisen an. »Freizeitspaß per pedes« und »Gaumenfreuden« – in Baiersbronn ein gelungener Doppelpass. Nie vergessen werde ich Hermann Bareiss, wie ich einmal im Winter als Überraschungsgast für eine Geburtstagsfeier in dünner Auftrittsklamotte im Freien vor der Sattelei-Hütte stand und er zuvor nur noch eben einige wenige Worte zur Einführung sagen wollte. Mein Techniker hat mich nach seiner Ansprache mit dem Eispickel freigeklopft, mit heißem Wasser übergossen und auf die Bühne geschubst.

Ausgangspunkt der »Hüttentour« ist die Touristik-Information Mitteltal, Ruhesteinstraße 288, 72270 Baiersbronn, Telefon (0 74 42) 84 14-70 | Die Sattelei-Hütte ist ganzjährig geöffnet; Wandervorschläge und Wegbeschreibungen stehen als Download-Dokument zur Verfügung | wwww.baiersbronn.de

 Bus bis »Mitteltal Lamm«

Hochprozentige Tortenschlacht

Enzklösterle und Altensteig

Enzklösterle ist für mich familienpolitisch hochattraktiv, denn meine Oma Helene kam dort zur Welt. Deshalb kann ich auch nicht beurteilen, ob Enzklösterle schöner oder weniger schön als andere Städtchen im Nordschwarzwald ist. Ich bin einfach gerne dort. In der Nähe liegt das Wildseemoor und Altensteig. Dort, in Altensteig, betreibt mein gegenschwägriges Schwippschwagerbäsle (für alle Außerschwäbischen: Sie ist die Tochter vom Vetter von meinem Vater) ein Café. In ihrem »Markt Café« gibt's eine sensationelle Schwarzwälder Kirschtorte und die Haustorte »Himbeergeist-Sahne«. Tipp: Keinen Schnaps dazu trinken. Ist nicht nötig.

Poststraße 28, 72213 Altensteig, Telefon (0 74 53) 95 26 55, Mo–So 10–20 Uhr | www.baeckerei-haag.de| www.enzkloesterle.de

Entspannt abtauchen

Friedrichsbad Baden-Baden

Baden wie ein Kaiser: Im Friedrichsbad werden römische Badekultur (unterschiedliche warme Thermalbäder) und irische Badetradition (Heißluftbäder) harmonisch aufeinander abgestimmt und mit den bis zu 68 Grad heißen Quellen Baden-Badens kombiniert. Das Ergebnis ist ein weltweit einzigartiges Badeerlebnis im historischen Badetempel! Montags und donnerstags wird im Friedrichsbad traditionell getrennt gebadet; Männer und Frauen treffen sich an diesen Tagen lediglich im imposanten Kuppelsaal. Sonntags können Männer und Frauen alle 17 Stationen gemeinsam nutzen. An gemischten Badetagen (Di, Mi, Fr, Sa) werden die Stationen 7 bis 11 von Frauen und Männern gemeinsam genutzt.

Römerplatz 1, 76530 Baden-Baden, Telefon (0 72 21) 27 59 20, täglich 9–22 Uhr, geschlossen am 24. und 25. Dezember, letzter Einlass ist 2 Stunden vor Ende der Badezeit | www.carasana.de

 S-Bahn bis Bahnhof »Baden-Baden« und weiter zu Fuß oder mit dem Bus bis »Leopoldsplatz«

FAMILIEN-ZIELE

 Über Stock und Stein

Unimog-Museum Gaggenau

Der Unimog hat die Nutzfahrzeuggeschichte geprägt wie kein zweites Fahrzeug. In Gaggenau, wo der Unimog über 50 Jahre lang produziert wurde, lädt das Unimog-Museum zum Staunen und Erleben ein.

Ausgestellt werden verschiedenste Fahrzeuge – vom Prototypen bis zur neuen Generation. Dem theoretischen Rundgang durch die Museumshalle folgt die Praxis: Nach einer Fahrt mit dem Unimog über den Außenparcours werden Sie verstehen, was der Begriff »Neigungswinkel« wirklich bedeutet.

Das Museum liegt in Gaggenau direkt an der B 462, Ausfahrt »Schloss Rotenfels« | 76571 Gaggenau, Telefon (0 72 25) 98 13 10, Di–So 10–17 Uhr | www.unimog-museum.com

 S-Bahn bis »Bad Rotenfels Schloss«

Abenteuer zwischen Tannenwald und Felswänden

Allerheiligen-Wasserfälle

Es plätschert und rauscht im wildromantischen Lierbachtal! Durch eine enge Schlucht und über sieben Stufen stürzt das Wasser der Allerheiligen-Wasserfälle in die Tiefe. Das imposante Naturschauspiel kann hierbei aus nächster Nähe erlebt werden: Ein Parkplatz unterhalb der Wasserfälle wird zum Ausgangspunkt einer kurzen, aber spannenden Tour. Über Treppen und Holzplanken ist die Schlucht erschlossen, sodass jeder Schritt zum Erlebnis wird.

Ausgangspunkt: Wanderparkplatz an der K 5370 im Lierbachtal, ca. 12 Kilometer von der Abzweigung »Ruhestein« (Schwarzwaldhochstraße B 500) entfernt.

Hofkäserei mit bester Empfehlung

Mooshof Tennenbronn

In der Hofkäserei des Mooshofs wird Milch in handwerklicher Tradition zu Käse verarbeitet. Ob Original Tennenbronner Käs' (ein mild-aromatischer Weichkäse) oder Weidekäse (ein geschmeidiger, sahnig-milder Hartkäse nach Bergkäseart) – alle Sorten reifen im Naturkeller des Hofes. Vom Magazin »Der Feinschmecker« wurde der Mooshof wiederholt ausgezeichnet und unter den besten »Käseadressen« in Deutschland aufgeführt.

8 Kilometer südlich von Schramberg | Schwarzenbach 271, 78144 Tennenbronn, Telefon (0 77 29) 410 oder Telefon (0 77 29) 81 54, Mo–Sa 8–17 Uhr | www.bio-mooshof.de

ÜBER NACHT

Raum, Ruhe und Entspannung

»Lauterbad Wellnesshotel«

Gesunde Ernährung und aktives Fitnesstraining kosten Überwindung? Nicht im »Lauterbad Wellnesshotel«. Im großzügigen Wellnessbereich stehen Sauna, Laconium, Tepidarium und ein Außenpool zur Verfügung; auf eine ausgiebige Mountainbike-Tour folgt

Entspannung auf Wasserbetten in der Relax-Galerie. Für Fitness, Körper und Geist wird alles Erdenkliche geboten und in den beiden Restaurants werden korrespondierend marktfrische Menüs serviert. Mehr kann man für seinen Körper nicht tun, höchstens … früh ins Bett gehen. Na denn, schöne Träume und maximale Erholung!

72250 Freudenstadt-Lauterbad, Telefon (0 74 41) 95 09 90 |
www.lauterbad-wellnesshotel.de

 *Shuttle-Service nach Voranmeldung ab Bahnhof*
»Freudenstadt«

ANHANG

SONNTAGS AUSSICHTEN

Liebe Leserin, lieber Leser,

das waren sie, meine Tipps. Eigentlich dachte ich, dass damit dieses Buch zu Ende wäre, aber weit gefehlt. Kaum habe ich das Manuskript beim Verlag abgegeben, kommen mir weitere Auftritte mit weiteren Ausflugstipps in die Quere. Ich rufe beim Verlag an, ob man dies und das oder nur dies oder wenigstens noch das einfügen könnte: »Nein!«, seufzt man mir von dort entgegen, »wir müssen irgendwann mal eine definitive Fassung in Druck geben können! Aber kein Problem, Herr Sonntag, sammeln Sie einfach eifrig weiter: Das machen wir dann in die Neuauflage oder das Folgebändchen rein!«

Da haben wir den Salat.

Anstatt meine eigenen Tipps mal Stück für Stück abgenießen zu dürfen, werde ich schon wieder damit beschäftigt sein, die neuen Tipps zusammenzufügen. Sieht so aus, als hätte ich noch ein bisschen zu tun. Wie wäre es, wenn Sie mir dabei helfen? Haben Sie auch einen veröffentlichungswürdigen Ausflugstipp? Kennen Sie auch ein schönes Lokal, ein unbekanntes Idyll? Stimmt was nicht an meinen Tipps, haben Sie Verbesserungen, Ergänzungen oder weiterführende Reise- und Besuchtipps? Lassen Sie es mich bitte wissen, als Brief an den Verlag oder als E-Mail an: perfekter@sonntag.tv.

Und wenn Sie Lust haben, einen Liveauftritt von mir zu besuchen, lade ich Sie ein, unter www.sonntag.tv zu schauen, wann ich in Ihrer Nähe spiele. So, und jetzt muss ich leider schließen. Ich muss mich an die Fortsetzung dieses Bändchens machen …

Mit erneut sonntäglichen Grüßen
Ihr Christoph Sonntag

A

Allgemeines | Ein perfekter Sonntag kann natürlich auch ein perfekter Samstag sein. Oder ein Freitag. Oder wann immer Sie Zeit und Lust auf einen Ausflug haben. Viele der genannten und beschriebenen Ziele haben *auch* am Sonntag geöffnet – aber eben nicht alle. Ich dachte mir: Warum auf empfehlenswerte Adressen verzichten, nur weil der eine oder andere Laden am Wochenende nicht geöffnet hat? Ich heiße nun mal Sonntag! Im Kindergarten gab's dafür Häme und auch Prügel, heute fällt es mir leicht, einen Buchtitel zu finden. Hieße ich Mittwoch, wäre das Buch ein ganz anderes geworden. Dann hätte ich es wahrscheinlich nennen müssen: »Ausflüge in die Wochenmitte« – Glück gehabt!

B

Baden-Württemberg-Ticket | Das Baden-Württemberg-Ticket der Bahn ist für bis zu fünf Personen einen ganzen Tag lang gültig: In der 2. Klasse aller Nahverkehrszüge und S-Bahnen sowie in Bussen und Stadtbahnen vieler regionaler Verkehrsverbünde; montags bis freitags von 9 bis 3 Uhr bzw. an Wochenenden und Feiertagen von 0 bis 3 Uhr. Für weniger als

30 Euro. Bei diesem Preis kann das Auto getrost in der Garage bleiben. Ich denke immer wieder, man sollte mal die Bahn-Vorstände mit einer BahnCard 25 ausstatten, sie in einem überfüllten Regionalzug einsperren und sie dann ihren enormen Jahresverdienst ehrlich verdienen lassen – über Bahn Bonuspunkte!

Besen | Keine Angst – ich rede nicht von der leidigen Kehrwoche. Vielmehr lässt es sich in einem Besen gut EINkehren. Das Erfolgsmodell »Besenwirtschaft« – im außerschwäbischen Raum auch unter den Begriffen »Straußenwirtschaft« oder »Buschenschank« bekannt – bietet (hierzulande) nicht mehr als 40 Sitzplätze, ist maximal vier Monate im Jahr geöffnet, und es werden ausschließlich hausgemachte Speisen und Weine angeboten. Ein an der Hauswand oder der Hofeinfahrt angebrachter Besen ist das Zeichen, dass die Besenwirtschaft geöffnet ist. Wer es vermeidet, im »Besen« nach einem Glas Bier zu fragen, kann sich auch als »Rei'gschmeckter« unerkannt zwischen Einheimischen aufhalten und die überaus gemütliche Atmosphäre genießen. In Fellbach gibt's einen Besen mit einem zu zweit besitzbaren Weinfass vor der Türe, in dem schon manche länger haltende Beziehung begonnen haben soll. Ich war zwar schon ein paar Mal in eben diesem Besen, aber noch nie zu zweit in dem Fass. Un-fassbar.

C

Christoph | Beim Durchlesen des Buches bekomme ich fast schon Angst vor mir selbst, denn es erweckt das Gefühl in mir, als sei ich entweder ständig in irgendeiner Gaststätte am Schmausen und Trinken oder wenn nicht, dann am Wandern, Relaxen oder Wellnessen. Leute – diese ganzen Tipps habe ich über viele Jahre gesammelt! Also bitte kein falsches Bild von mir! Ich bin im schwäbischen Pietismus großgeworden, bei mir handelt es sich um einen verhärmten, abgeschafften Schwaben, der, tapfer und ohne zu jammern, sein Los akzeptiert habend pro Jahr 150 Bühnenauftritte macht, 150 Radioszenen schreibt und produziert und zwanzig Fernsehauftritte absolviert. Und noch dieses Buch schreibt. Und schon kriege ich wieder Angst vor mir, mein Gott, wie muss ich abgear-

beitet sein! Ich sollte dringend mal entspannen! Gleich mal in meinem Buch ein schönes Ziel aussuchen!

D

Daniel | Ist mein zweiter Vorname. Christoph Daniel Sonntag heiße ich. Dann wäre das auch gesagt und der Buchstabe »D« erledigt.

E

Eins ah | Das Magazin für feine Lebensart in Baden-Württemberg »Eins ah« gibt es sechsmal jährlich in gedruckter Form. Oder im Internet unter www.eins-ah.de. Der Verleger, Christoph Mohr, fungiert übrigens hauptberuflich als Pressesprecher. Nicht von mir, aber vom SWR. Und ein Freund von mir ist er darüber hinaus. Vor allem, weil er so einen schönen Vornamen hat. Stets aktuelle Informationen über Land und Leute finden Sie auch im Magazin »Schönes Schwaben«, das im Zeitschriften- und Buchhandel oder direkt beim Silberburg-Verlag (www.silberburg.de) bezogen werden kann.

Essen & Trinken | »Esse, trinke und verwöhne die Sinne!« Buddhistischer Spruch aus Tibet. (Ich war eigentlich versucht, an dieser

Stelle: »Tibetischer Spruch aus Buddha« zu schreiben und abzuwarten, was passiert. Hab's mich aber dann am Schluss, wie Sie gerade bemerken, nicht getraut. Oder sagen wir so: Ich habe es vor allem deshalb nicht in die Tat umgesetzt, weil ich es dann kurz vor der Manuskriptabgabe nicht mehr gar so witzig fand. Gerade eben gefällt es mir aber wieder, vielleicht mach ich's ja doch, mal sehen, mal sehen!)

F

Fahrrad-Touren | Die Regionen Tübingen-Schönbuch und Remstal eignen sich hervorragend für eine Tagestour mit dem Fahrrad. Das Schönste ist, von meiner Geburtsstadt Waiblingen die Rems entlang über Hegnach und Hohenacker an den Max-Eyth-See zu radeln und dort einzukehren, Boot zu fahren oder am Sandstrand zu chillen! Ebenfalls erlebenswert ist eine Radtour durch Oberschwaben: Die Öchsle-Bahn hat ihren eigenen Radweg, der auf befestigten Nebenstraßen größtenteils direkt neben der Bahnlinie entlangführt. Und da die Öchsle-Bahn den kostenfreien Transport der Räder im Gepäckwagen anbietet, können Bahnfahrt und Radtour bequem kombiniert werden (→ Region Ochsenhausen). Perfekt planen lässt sich Ihre Radtour beispielsweise mit dem 3D Tourenplaner »Tour Explorer« von MagicMaps (www.magicmaps.de).

Frühstück | Meiner Meinung nach spaltet die erste Mahlzeit des Tages die Menschen in zwei Gruppen. Die eine fasst die Gruppe der Frühstücker zusammen, die ohne nicht können, immer müssen und deren Frühstück im Urlaub einfach noch opulenter ausfällt als daheim. Ich gehöre zur zweiten Gruppe der Nichtfrühstücker. Mir reichen morgens zwei Milchkaffees, die ich zur Zeitungslektüre zu mir nehme. Ich bin eine Freude für Hoteliers, die Pauschalarrangements mit Frühstück anbieten. Aber sodde muss au gäbbe! Ich will zu diesem Thema noch einen wirklich klugen Mann sprechen lassen und denke dabei an Novalis alias Georg Friedrich Philipp Freiherr von Hardenberg. Er musste als junges Bürschchen diese Welt schon wieder verlassen, hatte aber trotzdem genug Zeit, um so kluge Sachen zu sagen wie diese: »Die Tischzeit ist die merkwürdigste Periode des Tages und vielleicht der Zweck, die Blüte des Tages. Das Frühstück ist die Knospe.« Mir fällt dazu ein: *ich bin morgens gern mal knospenfrei!*

G

Gewähr, ohne | Alle Angaben ohne Gewähr; Änderungen der publizierten Öffnungszeiten, Pächterwechsel und Ähnliches vorbehalten. »Was lang gewährt, wird endlich gut!« hört sich an wie ein Sprichwort, ist aber keines.

H

Haltbarkeit | Die Haltbarkeit aller Angaben, die ich in diesem Buch mache, ist natürlich beschränkt; Pachtverträge laufen aus, manches wird größer, manches verschwindet. Ich werde mich bemühen, das Buch in den kommenden Auflagen immer wieder zu aktualisieren, wobei Sie mir gerne helfen dürfen (→ Resonanz).

I

Internationalität | Das schöne an Geheimtipps ist, dass sie international nicht – oder nur wenig – bekannt sind. Wenn sie bekannt wären, wären sie keine Geheimtipps mehr, sondern MTZ (Massen-Tourismus-Ziele). Die Gefahr, dass aus einem Geheimtipp ein MTZ wird, steigt immens mit seiner Veröffentlichung in einem Buch. Insofern muss ich mit der Gefahr rechnen, dass mich einige wegen dieses Buches einen Geheimtipp-

verrater, -verräter und -vernichter nennen werden. Das Schöne an Baden-Württemberg: Hier können ruhig ein paar Geheimtipps zum MTZ werden, denn wir haben viel mehr Geheimtipps als andere und bei uns, so scheint mir, wachsen sie auch schneller wieder nach!

J

Jambus, fünfhebiger | Alte Versform aus dem Deutschleistungskurs. Wenn Sie das wirklich interessiert, schlagen Sie es doch bitte selbst im Duden nach oder googeln Sie es sich auf den Bildschirm. Kommt in diesem Buch ohnehin nicht vor! Übrigens: Jambus hat etwas mit Trochäus, der aber nichts mit Thaddäus Troll zu tun. Drollig, gell?

K

Kabarett | ist mein Hauptberuf, mach ich am allerliebsten und am leidenschaftlichsten. Gerne fürs Radio, gerne fürs Fernsehen, aber am allerliebsten für die Livebühne. Wenn Sie zu denen zählen, die dieses Buch nach meinem Kabarettauftritt gekauft haben, wissen Sie, wovon ich rede und können gleich unter L wie »Literatur« weiterlesen. Alle anderen möchte ich einladen, mal zu meiner Show zu kommen: Unter www.sonntag.tv auf »Termine« klicken und schon sehen Sie, welches Programm ich wann in Ihrer Nähe spiele!

L

Literatur | Das vorliegende ist mein achtes Buch. Einige seiner Vorgänger sind vergriffen und sollen demnächst als Sammelband auf den Markt kommen. Was es momentan zu kaufen gibt erfahren Sie im Buchhandel oder unter www.sonntag.tv und dann auf »shop« klicken. So, nun wird es aber Zeit, dass die eigenwerblichen Buchstaben zu Ende gehen. Reden wir also noch über

Luxus | Absoluter Luxus ist es, noch eine Oma zu haben. Meine Oma Hermine starb bereits vor vielen Jahren und fehlt mir noch immer, um nicht zu sagen: immer mehr. Absoluter Luxus ist es, gesund zu sein, zwei gesunde Kinder zu haben und in einem Bundesland zu leben, in dem dir jeden Morgen zwanzig Gründe einfallen, weshalb es hier besser ist als anderswo. Kein Luxus, sondern verblendete Dummheit ist es, wenn Menschen versuchen, sich ihre Unsicherheit, Angst oder ihre scheinbar unperfekte Erscheinung mit Luxusartikeln wegzukaufen. Ich habe schon Ladies getroffen, die trugen Klamotten am Leib, mit deren Gegenwert ich damals mein gesamtes Studium finanziert hatte. Und trotzdem war ich froh, dass sie es anhatten. Viele kaufen sich viel in der Hoffnung, dass es ihnen bald mal ausgezogen wird. Aber meistens werden nur die ausgezogen, die gar nicht so viel im Vorfeld überlegt haben, was sie drüberziehen könnten, damit man es ihnen schnell runterreißt. So isch no au widder!

M

Mama | ist und bleibt die wichtigste Person des schwäbischen Mannes. Jede Mama jedes schwäbischen Mannes macht den besten Kartoffelsalat der Welt, die besten Maultaschen und die besten Spätzle. Wer sich jetzt meine als schürzentragendes kochlöffelschwingendes Mütterchen vorstellt, macht einen Riesenfehler: Meine ist ein verrücktes Huhn, geht in die Stuttgarter Uni zur Vorlesungen, singt in der Waiblinger Kantorei, rennt auf Vorträge, Vernissagen und Ausstellungen, ruft um Mitternacht an, wenn sie mich gerade im Fernsehen gesehen hat und ist die Königin meiner Kinder und Nichten, denn sie kann kleine Kinder verhexen, macht ihnen strahlende Augen und verdirbt sie gern und effektiv mit ihren antiautoritären Erziehungsansätzen, die sie in den 68ern inhaliert hat und wir nach einem Wochenende bei Oma wochenlang wieder wegarbeiten müssen.

Mayday | Notruf: 112. Polizei: 110.

Mayer | Achim. Mein Mitarbeiter und Assistent. Hat sich um dieses Buch sehr verdient gemacht. Nicht nur wegen seiner unermüdlichen Recherche, seiner Genauigkeit und seines Fleißes, sondern, weil er mir zweimal auf die Finger klopfte, als ich das Buch jammernd (… so viel Arbeit!) erst gar nicht mehr und später um ein Jahr verzögert machen wollte. Wenn Sie sich heute über dieses Buch freuen, dann müssen Sie Achim dafür danken!

N

Nahverkehr, öffentlicher | Wann immer sich eine Anfahrt mit Bussen oder Bahnen realistischerweise anbietet, nenne ich im Buch die nächstgelegene Haltestelle. Manchmal ist es allerdings praktikabler, vom Bahnhof zum Ausflugsziel zu gehen, als rauszukriegen, wann welcher Bus dorthin fährt. In diesem Fall ist dann ein großer oder zentraler Haltepunkt angegeben (→Baden-Württemberg-Ticket).

O

Objektivität | ist in diesem Werk subjektiv. Ich berichte objektiv über Dinge, die mir zufällig begegnet sind, die mir zufällig besser gefallen haben als andere oder die mir deshalb gefallen, weil ich das andere gar nicht kenne. Wer das objektiv für einen Fehler hält, wird es auch subjektiv für einen Fehler halten. Ich hätte es objektiv für einen Fehler gehalten, Ihnen das alles nicht mitzuteilen. So subjektiv wie möglich.

Öffnungszeiten | Saisonal unterschiedliche oder an Witterungsverhältnisse angepasste Öffnungszeiten sind immer möglich. Am besten Sie prüfen die Öffnungszeiten, bevor Sie sich auch den Weg machen – Ihre Mitreisenden werden es Ihnen danken.

P

Perfekt | kommt aus dem lateinischen (perfectus) und heißt vollendet, vollkommen. Welch Anmaßung, Ihnen einen »perfekten Sonntag« bieten zu wollen, denn wie perfekt ein Sonntag ist, entscheidet jeder selbst für sich. Wenn Sie sich in diesem Moment darüber aufregen, kann ich das verstehen und zu meinem Glück festhalten, dass Sie sich momentan sehr wahrscheinlich in der Phase nach dem Kauf des Buches befinden. Perfekt, Sonntag – Glück gehabt!

Q

Querverweis | Für weitere Informationen verweise ich, wo es geht, auf die jeweiligen Websites.

R

Resonanz, Feedback, Anregungen | Wenn Sie Anregungen, Fragen, Änderungswünsche, eigene Geheimtipps aus der eigenen Schatzkiste oder sonst etwas haben, schreiben Sie mir über den Verlag oder an perfekter@sonntag.tv. Ich würde mich sehr freuen, vielen Dank im Voraus!

S

Subjektivität | ist in diesem Werk objektiv. Ich berichte subjektiv über Dinge, die mir zufällig begegnet sind, die mir zufällig besser gefallen haben als andere oder die mir deshalb gefallen, weil ich das andere gar nicht kenne. Wer das subjektiv für einen Fehler hält, wird es auch objektiv für einen Fehler halten. Ich hätte es subjektiv für einen Fehler gehalten, Ihnen das alles nicht mitzuteilen. So objektiv wie möglich.

Stiphtung | Mit meiner STIPHTUNG CHRISTOPH SONNTAG engagiere ich mich mit meinen Mitstreitern für ökologische Projekte in Baden-Württemberg. Da macht es endlich auch mal Sinn, dass ich zu allem Überfluss studierter und diplomierter Landschaftsarchitekt bin. Mehr Infos unter www.stiphtung.tv

T

Trend, unverkennbarer | Ausflüge und Kurzreisen werden immer beliebter, Touren durch die spannenden Regionen direkt vor der Haustüre liegen im Trend. Weiter so: Statt mit Wartezeit auf den verspäteten Flug mit der Low-Cost-Airline zum 24-Stunden-Powershopping verbringen wir das Wochenende lieber bei einem Picknick. Oder bei einer Wanderung. Oder im Biergarten. Oder, oder, oder … Das Buch, das Sie in Händen halten, nennt 139 Tipps, die nach Herzenslust miteinander kombiniert werden können.

U

Uhlbach | Ist ein Stadtteil von Stuttgart und dicht bei Rotenberg, wo auf dem Württemberg die Grabkapelle steht, in der Wilhelm I., seine Frau Katharina und seine Tochter Maria Friederike Charlotte bestattet sind.

V

Volksfest, Cannstatter | Millionen von Besucher feiern in Stuttgart gleich zwei Mal im Jahr das schönsten Volksfest der Welt: Mitte April das Frühlingsfest und im Herbst das Cannstatter Volkfest. Ich habe seit Jahren die Freude und Ehre, bei der vom SWR übertragenen Eröffnungsfeier die anwesende Politelite kräftig durch den Kakao zu ziehen. Ich bin am liebsten im Festzelt von Hans-Peter Grandl. Für mich hat es die netteste Bedienung, bietet das beste Essen und im »Hofbräu-Regiment« spielen zwei Freunde von mir mit!

W

Wetter, schlechtes | Für fast alle in diesem Buch genannten Ziele gilt: Mit der richtigen Kleidung macht ein Ausflug bei allen Witterungsverhältnissen Spaß. Aktivitäten und Ziele, die speziell auch bei schlechtem Wetter einen Besuch wert sind, sind mit folgendem Symbol gekennzeichnet: Der

Übersichtlichkeit halber haben wir bei Restaurants und Ähnlichem – sofern kein Loch im Dach zu sehen war – auf das Zeichen verzichtet.

X und Y

Xondheit und Yoghurt | Gehören eng zusammen, sagt mein Arzt, der mir erzählte, dass morgens ein Becher Naturyoghurt den Darm stärkt, in dem sich unser Immunsystem seine Immunkompetenz holt. Ich fand's interessant und mir wäre übrigens zu den beiden Buchstaben x und y auch nichts anderes eingefallen. [Blöd nur, dass sich Yoghurt mit J schreibt; der Lektor.]

Z

Zum Wohl | Süddeutschland ist reich an Wein, Bier und Mineralwasser. Eine der besten Kaffee-Röstereien der Republik würde man auf den ersten Blick hier jedoch nicht vermuten. Dabei werden mitten in Stuttgart-Degerloch feinste Arabica-Kaffeebohnen aus dem Hochland Costa Ricas sanft geröstet und zum berühmten Hochland-Kaffee veredelt. I drenk nix anders! | www.hochland-kaffee.de

BILDNACHWEIS &IMPRESSUM

Die Angabe von Öffnungszeiten,
Adressen und Telefonnummern
erfolgt nach bestem Wissen und
Gewissen, jedoch ohne Gewähr.

2. Auflage 2009

© 2009 by Silberburg-Verlag GmbH,
Schönbuchstraße 48,
D-72074 Tübingen.
Alle Rechte vorbehalten.
Umschlaggestaltung: Christoph
Wöhler unter Verwendung von
Aufnahmen von Holger Schmidt
Fotografie (oben), Stuttgart,
und Achim Mayer (unten),
Stuttgart.
Karte: Ars Cordis Werbe
und Konzept Agentur, bearbeitet
durch den Verlag.
Konzept: Christoph Sonntag
und Achim Mayer.
Druck: Grammlich, Pliezhausen.
Printed in Germany.

ISBN 978-3-87407-816-0

Besuchen Sie uns im Internet
und entdecken Sie die Vielfalt
unseres Verlagsprogramms:
www.silberburg.de

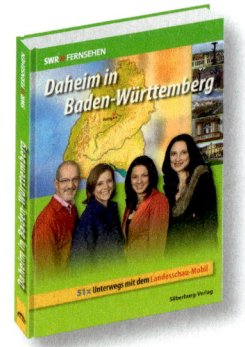